APÓSTOL MOISÉS ROSALES

PIEDRAS
FUNDAMENTALES

Volumen I

PIEDRAS FUNDAMENTALES

Piedras fundamentales
© Moisés Rosales 2022
© Harvest Books Ltd. 2022

Publicado por:
HARVEST BOOKS Ltd.
Suite LP58738,20-22 Wenlock Road
N1 7GU -London-
United Kingdom
editorialharvest@gmail.com
www.editorialharvest.net

Diseño y composición: Pixxel Connect Snc.
(www.pixxelconnect.com)

Los versículos bíblicos de este libro son tomados de la versión "Reina Valera 60" por la Sociedad Bíblica Internacional. Usado con permiso.

CONSIGUE TODOS NUESTROS LIBROS EN:
www.editorialharvest.net

Contacto con el autor:
Facebook: @apostolmoisesrosales
Instagram @apostolmoisesrosales
https://moisesrosales.com/

ÍNDICE TEMÁTICO

AGRADECIMIENTOS

Cuanto tiempo ha pasado hasta llegar a este día. Recibí muchas palabras que me direccionaban para este tiempo, y, finalmente, el día llegó. El tiempo está aquí y es ahora. Por ello quiero agradecer infinitamente a mi Creador y Padre celestial a JEHOVA DE LOS EJERCITOS, por ser mi inspiración cada día, por haberme escogido, a pesar de mis defectos, y darle un sentido a mi vida. Me siento agradecido por la restauración y empoderamiento a través de los muchos medios que ÉL utilizo para hacer de mi, lo que hoy soy. Gracias ABBA.

A mis padres biológicos y espirituales, que siempre me enseñaron y animaron a caminar en una vida de fe. Ayudándome a creer en un Dios vivo, que hizo, hace, y hará, cosas maravillosas a favor de los que creen en el nombre de Jesús. Mis papás siempre han sido los primeros en corregirme y motivarme cuando la realidad se torcía por lado equivocado, aun cuando no buscaba equivocarme. Creo que mi papá es el cable que me sujeta en la "tierra", ya que muchas veces, cuando me acelero es quien me hace aterrizar y entender el tiempo perfecto para algún proyecto en particular. Por supuesto, estoy sumamente agradecido con mi madre, que siempre ha sido (antes de ser profeta y pastora) mi madre, y como madre, siempre me alienta a no desmayar. Ella está provista de una fortaleza como la de un búfalo.

A mi amada esposa Diana, quien es, tal vez, la que más me tiene que soportar, como nadie. Con ella comparto todos mis sueños y anhelos, y para ser honesto, creo que muchas veces la estreso con tantos sueños y deseos que Dios ha puesto en mi corazón; Con mis noches de insomnio y revuelcos en la cama, muchas veces llegándome a botar de la cama (jejeje). A lo largo de estos años he aprendido a valorar cada uno de sus consejos y estoy seguro de que ellos nos han traído a un buen puerto.

A mis hijos Gabriel y María José, ya que ellos se convirtieron en un motor para para hacer de mi un buen hombre. No solo para ellos, sino para la sociedad en general, ya que el día que conocí a JESUS, el deseo de mi corazón fue convertirme en un hombre de bien, primeramente, para ustedes dos, siendo un gran ejemplo para sus vidas. Hoy la línea de ensamblaje ha crecido, empecé con dos hijos y ahora ya tengo seis (Daniel, Natalia, Matías y Sofía). Gracias le doy siempre al Padre por dármelos como hijos.

Gracias a cada uno de aquellos que han estado conmigo, sin importar él tiempo y la situación. Aquellos hermanos y amigos que estuvieron cuando compartía mis sueños y me alentaban a no desmayar. Gracias por soportarme cuando me pongo eufórico, tratando de contarles todo lo que se viene. A cada uno de mis hermanos de la oficina de Casa de Oración, pastores y consejeros con quienes compartimos muchas de las necesidades que vemos en él reino de Dios, aquí entre nosotros. A cada uno de los pastores y lideres de los ministerios en los cuales trabajamos codo a codo, quienes, muchas veces, sin saberlo, con un espaldarazo nos alentaron para seguir y al pueblo maravilloso de Casa de Oración, que es parte vital de nuestro ministerio, ya que sin ellos sería imposible cumplir nuestro llamado.

A todos y a cada uno, muchas gracias por estar siempre ahí.

¡Los bendigo!

_____

Apóstol Moisés Rosales.

PRÓLOGO

Prologar un libro nunca es una tarea fácil, sobre todo cuando el autor de este posee un nivel intelectual y de conocimiento superior al del prologuista. Y debo decir, este es mi caso. El presente libro está escrito desde la sencillez y cercanía de un hombre, el apóstol Moisés Rosales, que vive una vida para Jesús. Un hombre que ama el ministerio y que invierte su vida entera en formar, equipar, empoderar y discipular a otros para que sean efectivos en sus ministerios y, por qué no, en sus vidas naturales. Doy fe de eso. Conozco su ardua tarea y de su empeño para que otros alcancen a cumplir el propósito para el que han sido creados.

Y bien, respecto de esta obra, el apóstol Moisés nos presenta un libro ameno, de ágil lectura. Una obra académica que todos los pastores, lideres o mentores pueden usar con soltura y facilidad, para enseñar a en sus discipulados y estudios bíblicos respecto de los principios básicos de la fe cristiana, que no son otros, sino las piedras fundamentales en las que, todos los creyentes, deberíamos basar nuestra fe.

El libro Piedras Fundamentales, provee una herramienta sumamente práctica y útil a todo aquel que anhele conocer y ahondar en las raíces apostólicas de nuestra fe cristiana. Y digo apostólicas, porque la doctrina en la que, la iglesia debe conducirse, es la que Cristo mismo impartió a sus primeros apóstoles. Doctrina que se recoge en las Santas Escrituras y que, por generaciones, se nos ha transmitido.

Este primer volumen de Piedras Fundamentales provee una visión generalizada de dichas doctrinas que, al conocerlas y aplicarlas, nos proveerán también de una sólida formación inicial en nuestra fe cristiana. Por cierto, considero que en ocasiones pareciera que olvidamos estas doctrinas fundamentales, por ello es por lo que animo a todos creyentes, sin importar su edad en el Señor, a que lean este libro para que puedan recordar y revisar, su vida y su fe, a la luz de estas Piedras Fundamentales.

Agradezco al apóstol Moisés por el privilegio que me brinda a permitirme prologar este libro. Sé que será de enorme bendición para todo el que lo lea, como lo ha sido para mí mismo.

Ap. Raúl Ramos

Ministerio Internacional Misión Vida

Ginebra, Suiza.

INTRODUCCIÓN

"Por tanto, dejando ya los rudimentos de la doctrina de Cristo, vamos adelante a la perfección; no echando otra vez el fundamento del arrepentimiento de obras muertas, de la fe en Dios, de la doctrina de bautismos, de la imposición de manos, de la resurrección de los muertos y del juicio eterno. Y esto haremos, si Dios en verdad lo permite" **Hebreos 6: 1-3**

La iglesia del Señor debe estar bien instruida en los rudimentos de la fe. Una iglesia que se precie es fuerte y, tal fortaleza viene del Señor a través de Su Palabra.

Toda iglesia debe respirar el aroma de la Palabra de Dios, al fin, todos los predicadores estamos llamados a predicar todo el consejo de Dios y, esta sabiduría y doctrina de fe y de conducta la encontramos en la Biblia.

Este es el motivo por el que se presenta la serie de libros: PIEDRAS FUNDAMENTALES, para que podamos vivir nuestra vida cristiana cimentados en los principios espirituales que contiene la Palabra de Dios, para que podamos vivir vidas espirituales significativas y, para que nosotros mismos podamos ser instrumentos en las manos del Creador de los cielos para bendecir las vidas de otras personas.

En este primer volumen, el lector encontrará los principios bíblicos de la doctrina básica, que le permitirán afirmar su decisión por Cristo y ayudarle en su transitar por la senda de la vida cristiana. Este libro está escrito de una forma amena, alcanzable y comprensible para proveerte herramientas bíblicas sólidas que fortalecerán tu vida espiritual y te ayudarán a crecer en el conocimiento de la fe en Jesús, así como en el conocimiento de Su Palabra.

De igual forma, debemos añadir que, esta serie de libros se presenta al público en forma de manual para ser usado por iglesias, grupos de estudio, células o grupos, o de crecimiento bíblico, así como también para ser estudiado de forma individual.

Los Editores

CAPÍTULO 1
LA DOCTRINA DE CRISTO

PARTE 1

¿QUIÉN ES JESÚS? EL MESÍAS PROMETIDO

En esta primera parte de la doctrina de Jesús, o la cristología, como se conoce en términos teológicos, analizaremos y estudiaremos a modo introductorio, aspectos de la vida y obra de Jesús, el hijo de Dios y el Mesías redentor.

Tanto en la vida como en la formación cristiana, la cristología es la pieza fundamental de nuestros conocimientos, pues al fin, Cristo es la piedra angular de la iglesia. Conocerlo es vital para fundamentar nuestra vida cristiana en la base y la roca que es Jesús mismo.

¿CÓMO SERÍA EL MESÍAS? ¿QUÉ ESPERABA LA GENTE? ¡UN CONQUISTADOR!

«... y el principado sobre su hombro; y se llamará su nombre admirable, consejero, Dios fuerte, Padre eterno, Príncipe de Paz. Lo dilatado de su imperio y la paz no tendrán limite, sobre el trono de David y sobre su reino... desde ahora y para siempre» **Isaías 9:6-7.**

Por siglos los Israelitas esperaban el cumplimiento de profecías así. Durante siglos, los profetas habían prometido que vendría un rey, como David, para conquistar a los enemigos de Dios y establecer el reino del Señor aquí en la tierra. Sería el Rey del mundo entero, estableciendo un gobierno de paz, gloria y gozo.

En aquel entonces, los romanos dominaban sobre Israel, por tanto, los judíos esperaban un salvador político que pudiera redimirlos del dominio y la opresión de los odiados romanos. Sin embargo, la libertad que Jesús ofrecía a los judíos, y por ende a todo el que en Él creyere, no era la de la esclavitud u opresión gubernamental o militar, sino la libertad del poder de la muerte y el pecado. Dijo entonces Jesús a los judíos que habían creído en él: «Si vosotros permaneciereis en mipalabra, seréis verdaderamente mis discípulos; y conoceréis la verdad, y la verdad os hará libres». (Juan 8:31-32).

Esto por supuesto, no gustó a los religiosos de la época, que enfrentaron con todas sus fuerzas el mensaje revolucionario de amor de Cristo por la humanidad. ¿Quién hubiera esperado a alguien como Jesús?

¡JESÚS LOS SORPRENDIÓ A TODOS!

¿Pero un pesebre? ¿Un carpintero? ¿Un hombre pobre y humilde? ¿Un amigo de prostitutas y ladrones? ¿Una crucifixión terrible y posterior muerte? Nadie esperaba que antes de la gloria, viniera el sufrimiento. Antes del trono, una cruz. Nadie, absolutamente nadie, esperaba a alguien como Jesús.

¿QUÉ SIGNIFICA EL NOMBRE "JESUCRISTO"?

"Cristo" es un título, como puedo serlo el de "presidente", "licenciado" o "Su Majestad." El título: «El Cristo» significa, «El Ungido». En aquella época, se ungía a los reyes con aceite para designarlos como el rey escogido y dotado con el Espíritu de Dios. La palabra —«Mesías» es una palabra hebrea que también significa «El Ungido».

Su nombre: Jesús

"Jesús" (griego)= ¡Jehová salva!

Su título – El Cristo

"Cristo" (griego)= "Mesías" (hebreo)= "El Ungido Rey"

EL BAUTISMO DE JESÚS. DIOS LO IDENTIFICA COMO EL MESÍAS

Visualice a un profeta con apariencia de "loco", vestido con pieles de animales, con los ojos de fuego, clamando en el desierto: «¡Arrepiéntanse! ¡Preparen el camino para la venida del Señor!». Jesús viene, como cualquier otro hombre hebreo del pueblo, para ser bautizado por Juan el Bautista, en ese momento, el Espíritu Santo en forma de paloma, desciende sobre Él y se escucha una voz desde los cielos. En Ese mismo momento, el Señor mismo lo unge y lo declara el Rey, ¡el hijo de Dios!

EL MINISTERIO DE JESÚS

Su Mensaje – El Evangelio – Las "Buenas Noticias"

"El tiempo se ha cumplido, y el reino de Dios se ha acercado; arrepentíos, y creed en él".

Jesús enseñaba con autoridad: la gente se admiraba de su doctrina; porque les enseñaba como quien tiene autoridad, y no como los escribas...". Mateo 7:29

Este fue, en resumen, el ministerio de Jesús: predicar un mensaje lleno de buenas noticias para quién quería escucharlo y aceptarlo.

ENSEÑANZAS DE JESÚS

Jesús cuando quería enseñar algo, en muchas ocasiones se dirigió a su audiencia a través de lo que se conocen como parábolas. Muchas de sus enseñanzas fueron pronunciadas a través de este "método" porque estaban llenas de un lenguaje sencillo y cercano, con el fin de que todos pudieran entenderlas.

Veamos algunas de estas conocidas parábolas.

Parábolas de la familia y el hogar

· El Reino de Dios es como...

· Un hijo rebelde que deja la casa.

· Otro hijo envidioso y amargado dentro de la casa.

· Una mujer que pierde una moneda valiosa.

· Un amigo molestoso que pide pan en la noche.

· Un ladrón que viene en la noche.

Parábolas de agricultura y trabajo

· El Reino de Dios es como...

· Un pastor que pierde una oveja.

· Un empleado deshonesto.

· Un árbol que no da fruto.

· Un empleado perezoso.

· Un constructor tonto que edifica sobre arena.

· Varias clases de terreno y semilla.

· Una pesca mixta: peces buenos y malos.

Predicaba sermones

> *Jesús predicó infinidad de sermones en diferentes lugares y escenarios de lo más diverso. El más conocido es "El sermón del Monte".* **Mateo 5-8**

Daba profecías. (Marcos 13 y Mateo 25).

¡Profetizaba de la destrucción de Jerusalén, el fin del mundo y su segunda venida.

Jesús llama a los discípulos: ¡Entrenamiento Intensivo! Jesús no ministraba solo. Escogió a un grupo de hombres humildes para seguirle y aprender de él, a los cuales se les conocía como «los discípulos». Andaban con Jesús, comían con Jesús, peleaban con Jesús la batalla de la fe. En definitiva... ¡Se contagiaron de Jesús!

Observe lo que quiere decir el vocablo discípulo: "aprendiz" o "estudiante". Esto es en síntesis un discípulo de Cristo: cualquiera que se parece a él, porque habla como él, hace lo que él hacía, ama a las personas como Jesús amaba y respetaba, etc.

LOS MILAGROS DE JESÚS

Los milagros que se relatan en la Biblia son solamente una pequeñísima parte de la cantidad innumerable de milagros que se produjeron, aunque estos no hayan sido registrados:

- Echó fuera demonios.
- Tocó a leprosos.
- Sanó a ciegos, sordos y mudos.
- Cambió el agua en vino.
- Multiplicó panes y peces en miles.
- Caminó sobre las aguas.
- Restauró una oreja cortada.
- Calmó una tempestad en alto mar.
- Causó una pesca milagrosa.
- Le hizo a Pedro sacar una moneda de la boca de un pez.
- Levantó muertos.

CAPÍTULO 2
LA DOCTRINA DE CRISTO
PARTE 2

JESÚS, ¿HOMBRE O DIOS?

Mucho se ha debatido por generaciones respecto de la humanidad y divinidad de Jesús. Es de vital importancia que, la iglesia del Señor conozca a la perfección y sin duda alguna, acerca de esta doctrina que hace parte de las PIEDRAS FUNDAMENTALES de nuestra fe bíblica.

JESÚS COMPLETAMENTE DIOS Y COMPLETAMENTE HUMANO.

La Biblia enseña claramente que Jesús es el Dios-hombre. Fue crucificado precisamente por identificarse como el divino Hijo de Dios. Jesús constantemente hablaba y se portaba como si fuera Dios mismo, en persona. No es 50 % Divino y 50 % Humano. ¡Jesús es completamente humano y divino al 100%.

EJEMPLOS DE LA HUMANIDAD DE JESÚS.

Dios nos entiende.

Vivió una vida completamente humana y puede identificarse con cualquier sentimiento humano que pudiéramos tener: «Así que, por cuanto los hijos participaron de carne y sangre, él también participó de los mismo, para destruir por medio de la muerte al que tenía el imperio de la muerte, esto es, al diablo». (Hebreos 2:14).

Jesús fue tentado.

«Pues en cuanto el mismo padeció siendo tentado, es poderoso para socorrer a los que son tentados». Hebreos 2:18

«Porque no tenemos un sumo sacerdote que no pueda compadecerse de nuestras debilidades, sino uno que fue tentado en todo según nuestra semejanza, pero sin pecado. Acerquémonos, pues, confiadamente al trono de la gracia, para alcanzar misericordia y hallar gracia para el oportuno socorro». Hebreos 4:15-16

Jesús sintió cansancio después de un largo día de trabajo.

Durante el viaje en Samaria leemos que: «Jesús, cansado del camino, se sentó así junto al pozo. Era el mediodía». Juan 4:6

Dormido en la barca después de un día largo.

Aquel día, cuando llegó la noche, les dijo: «Pasemos al otro lado. Y despidiendo a la multitud, le tomaron como estaba, en la barca... se levantó una gran tempestad de viento, y echaba las olas en la barca, de tal manera que ya se anegaba. Y él estaba en la popa, durmiendo sobre un cabezal...». (Marcos 4:35-38).

Jesús tuvo hambre y sed.

Pidió agua durante un descanso durante su viaje en Samaria: «Vino una mujer de Samaria a sacar agua; y Jesús le dijo: Dame de beber...». Juan 4:7

Sobre la cruz.

Jesús dijo: «Tengo sed». Juan 19:28

Después de la resurrección.

«Y como todavía ellos, de gozo, no lo creían, y estaban maravillados, les dijo: ¿Tenéis aquí algo de comer? Entonces le dieron parte de un pez asado, y un panal de miel. Y él lo tomó, y comió delante de ellos...». **Lucas 24:41-4)**

Jesús se enojaba.

Reprendió a los Fariseos: «¡Serpientes, generación de víboras, ¿Cómo escapareis de la condenación del infierno?». **Mateo 23:33**

Expulsó vendedores del templo.

« ...y halló en el templo a los que vendían bueyes, ovejas, y palomas, y a los cambistas allí sentados. Y haciendo un azote de cuerdas, echó fuera del templo a todos, y a las ovejas y los bueyes; y esparció las monedas de los cambistas, y volcó las mesas; y dijo a los que vendían palmas: Quitad de aquí esto, y no hagáis de la casa de mi Padre casa de mercado...». **Juan 2:14-16**

Se frustró con sus discípulos.

«¡Oh generación incrédula y perversa! ¿Hasta cuándo he de estar con vosotros? ¿Hasta cuándo os he de soportar? ». **Mateo 17:17**

Jesús se entristecía.

Lloró por Jerusalén: «y cuando llegó cerca de la ciudad, al verla, lloró sobre ella...». **Lucas 19:41**

Lloró al lado de la tumba de Lázaro: «Jesús lloró». **Juan 11:35**

Se entristeció antes de su Crucifixión.

· «*Mi alma está muy triste, hasta la muerte; quedaos aquí, y velad conmigo*». **Mateo 26:38**

· «*Y estando en agonía, oraba más intensamente; y era su sudor como grandes gotas de sangre que caían hasta la tierra*». **Lucas 22:14**

LA DIVINIDAD DE JESÚS

Ejemplos de la Divinidad de Jesús

Hay muchas sectas que enseñan que Jesús no es Dios. A veces, la Biblia enseña directamente que Jesús es divino, y otras ocasiones, las acciones de Jesús demuestran que él es Dios.

Consideramos los siguientes ejemplos.

· Jesús perdonó pecados. Un derecho reservado exclusivamente para Dios. (Marcos 2:5-7).

· Recibió adoración en varias ocasiones, y solamente se adora a Dios. (Mateo 2:11; 14:33; 28:9,17; Lucas 24:52; Juan 9:38).

· Jesús llama a Dios su "Padre" en una forma de hacerse igual a Dios, y por esto fue acusado de blasfemia. (Juan 5:18).

· Jesús dijo: «El Padre y yo somos uno». Otra vez, sus enemigos trataron de matarlo por blasfemar. (Juan 10:30).

· Jesús explicó a sus discípulos, «El que me ha visto a mí, ha visto al Padre». (Juan 14:7- 9).

· El apóstol Tomás le llama: «Señor y Dios mío». (Juan 20:28).

· Jesús llama los ángeles de Dios, sus ángeles. (Lucas 12:8-9; y Mateo 13:41).

- Llama los escogidos de Dios, sus escogidos. (Marcos 13:20, y Mateo 13:41).

- Llama el reino de Dios, Su reino. (Mateo 13:4).

- Jesús dijo que él va a juzgar al mundo un día, y solamente Dios es el juez. (Mateo 25:31. 2 Timoteo 4:1; 2ª Corintios 5:10).

- Jesús se llama el "Señor del Sábado". (Marcos 2:27-28).

- El Apóstol Pablo enseña que «en él (Jesús) habita corporalmente toda la plenitud de la Deidad ». (Colosenses 1:15-20; 2:9).

- hebreos enseña que el universo fue hecho por Jesús, y que él es "el resplandor de la gloria de Dios y la imagen misma de su sustancia, y quien sustenta todas las cosas con la palabra de su poder...". (Hebreos 1:1-4).

Lo máximo:

¡Jesús fue levantado de los muertos y se llama "Señor"!

JESÚS ES EL "VERBO" DIVINO.

· El Evangelio de Juan dice: «En el principio era el Verbo, y el Verbo era con Dios, y el Verbo era Dios». (Juan 1:1). Más adelante, Juan dice que: «El Verbo fue hecho carne, y habitó entre nosotros». (Juan 1:14). Esto significa que... El Verbo = Dios = ¡Jesús!

· Jesús se llama el gran "YO SOY", porque él es Dios mismo.

· Jesús les dice a los Fariseos: «De cierto os digo, antes que Abraham fuese, yo soy». (Juan 8:58). Al escuchar esto, sus enemigos tomaron piedras para arrojárselas... ¿Por qué se enojaron tanto? Porque el nombre, "YO SOY," significa ¡DIOS! (Éxodo 3:14-15).

Todas estas descripciones y referencias bíblicas nos llevan a una rotunda y esclarecedora conclusión y verdad: **¡Jesús es Dios!** No es un ente, o un ser alejado de la trinidad. No es otro Dios fuera de la trinidad, es Dios mismo y el único Dios verdadero.

CAPÍTULO 3

LA DOCTRINA DE CRISTO

PARTE 3

EL SEÑORÍO DE CRISTO

"Haya, pues, en vosotros este sentir que hubo también en Cristo Jesús, el cual, siendo en forma de Dios, no estimó el ser igual a Dios como cosa a que aferrarse, sino que se despojó a sí mismo, tomando forma de siervo, hecho semejante a los hombres; y estando en la condición de hombre, se humilló a sí mismo, haciéndose obediente hasta la muerte, y muerte de cruz. Por lo cual Dios también le exaltó hasta lo sumo, y le dio un nombre que es sobre todo nombre, para que en el nombre de Jesús se doble toda rodilla de los que están en los cielos, y en la tierra, y debajo de la tierra; y toda lengua confiese que Jesucristo es el Señor, para gloria de Dios padre" **Filipenses 2.5-11**

El objetivo de este breve capítulo es muy explícito.: Ayudarnos a adquirir una profunda convicción en cuanto al señorío de Cristo en nuestras vidas y ayudarnos a responder a Dios en base a esa convicción y buscar formas prácticas y de acción, haciéndose una realidad en nuestras vidas y aceptar a Jesucristo por lo que Él es y por lo que Él ha hecho.

LO QUE ÉL ES, Y LO QUE ÉL HA HECHO.

¿Quién es Jesucristo para que tengamos que proclamarlo Señor y Dios de nuestras vidas? Dos razones por las cuales Jesucristo es el Señor del Universo y por qué es el Señor de nuestras vidas.

Lo que Él es.

Jesucristo es el Señor, porque Dios Padre le concedió esa posición como resultado de su obediencia.

Debemos entender que, en la eternidad, el Hijo poseía el título de Dios a causa de su naturaleza divina. Sin embargo, Él obtuvo la posición de Señor como resultado de su obediencia terrenal. Basado en esta obediencia, Dios Padre le hizo Señor de todo y de todos.

El hijo existía desde siempre como Dios. Él tenía poder y una posición privilegiada. En obediencia a la voluntad del Padre, lo cual requería que descendiera de categoría y muriera para salvar al mundo. Él se despojó a sí mismo, no buscando su propia voluntad si no únicamente la del Padre. Cristo pasó por la triple humillación: 1. Se hizo Hombre. 2. Se hizo Siervo. 3. Murió en una cruz, humillándose a sí mismo como un criminal; hizo todo esto para salvar a los hombres.

Como resultado de su obediencia, *sumisión*, absoluta, Dios lo exaltó hasta lo sumo y le dio un nombre que es sobre todo nombre. En esa exaltación se le otorgó el título de Señor.

Lo que Él hizo

Jesucristo es el Señor porque pagó el precio por nuestras vidas. La razón anterior se refería al señorío de Cristo sobre el universo en general. La segunda razón trata específicamente de su señorío sobre nuestras vidas, porque Él pagó el precio que se requería para ellos. 1ª Pedro 1:18,19, dice: «Sabiendo que fuisteis rescatados de vuestra vana manera de vivir, la cual recibisteis de vuestros padres, no con cosas corruptibles, como oro o plata, sino con la sangre preciosa de Cristo, como de un cordero sin mancha y sin contaminación».

EN CRISTO SE PRODUJO LA SALVACIÓN PERFECTA.

*La única forma de liberación del pecado y Satanás era pagando el precio por nuestra esclavitud. Ese alto precio fue su preciosa sangre derramada en la cruz del Calvario. Al pagar el precio, Jesús se convirtió en nuestro nuevo Dueño. **1ª Corintios 6:19, 20***

Es Señor.

En el Nuevo Testamento la palabra "Señor" tiene el significado de dueño o amo de una persona. Ya que Jesús nos creó (Juan 1:3), y pagó el precio por salvarnos de la muerte. (1ª Corintios 6:20). Él tiene el derecho de ser el Señor, dueño y soberano de todo el universo y en especial de nosotros.

LA OBRA DE CRISTO

Su muerte.

El hombre es pecador, por lo tanto, está destituido de la gloria de Dios (Romanos 3:23), y su fin es la muerte en el infierno. Dios no deseaba que el hombre viviera y muriera en condenación perpetua. (Romanos 6:23) por lo tanto, envió a Jesucristo a pagar el precio del pecado nuestro, a sufrir y morir en la cruz. (Juan 3:16; Romanos 5:8-10).

Resurrección.

La resurrección de Cristo es el suceso que da validez a todo lo que el Señor proclamó y enseñó aquí en la tierra, demostrando que Él es Dios, que es el Hijo de Dios y tiene poder sobre la muerte ya que, Él es la fuente de la vida. La resurrección de

Jesús es la base de la razón de nuestra fe, ya que, si Cristo resucitó, nosotros que creemos en Él, también resucitaremos. (1ª Corintios 15: 20-22).

Su ascensión.

La ascensión de Cristo a los cielos, al trono celestial, confirmó la deidad de Cristo, su autoridad para hacer lo que hizo y decir lo que dijo. Dios le entregó la autoridad y el poder, sentándolo a su diestra, para demostrar el señorío de Cristo sobre todas las naciones. (Mateo 18:28; Filipenses 2:5-11; Hebreos 10: 12 y 13).

CONCLUSIÓN

Jesucristo Es Dios desde la eternidad hasta la eternidad, fue hombre al mismo tiempo que es Dios; y siendo hombre sufrió como tal, hasta la muerte en la cruz, para redimir al hombre y al tercer día resucitó demostrando que es Dios, tiene poder sobre la muerte y está sentado a la diestra de Dios Padre, gobernando con poder y gloria el universo.

REFLEXIÓN Y ACCIÓN PERSONAL

Si en realidad creemos en Jesucristo, es necesario que lo reconozcamos como el Señor de nuestras vidas, en una entrega total, viviendo según Su voluntad. Tu vida cristiana depende de esa relación, que comienza con una confesión: JESÚS ES MI ÚNICO Y SUFICIENTE SALVADOR, JESÚS ES MI SEÑOR.

CAPÍTULO 4
LA DOCTRINA DE CRISTO
PARTE 4

Considero indispensable que, todo creyente tenga un conocimiento sólido y básico de cómo ser salvo. Muchas veces se ha complicado el proceso de la salvación, lo que ha impedido que muchas personas desconozcan el privilegio de ser hechos hijos de Dios. Por eso, el propósito de este capítulo es doble:

1. Guiar a cualquier persona que no conozca a Dios a conocerlo como Señor y Salvador.

2. Enseñarle a los ya creyentes, cómo compartir el plan de salvación en una forma fácil y concisa.

NUESTRA NECESIDAD DE SALVACIÓN.

La Biblia dice que "todos han pecado y están lejos de la presencia gloriosa de Dios". (Romanos 3:23). Todos los seres humanos son pecadores y están sujetos al juicio de Dios. La Biblia lo enseña claramente, y el sentido común también. Aunque conozcas a muchas personas que moralmente parezcan "mejores" que otras, es probable que no conozcas a nadie que jamás haya cometido un error. La consecuencia del pecado y la imperfección humana es la separación eterna de Dios, quien es santo y perfecto. Y debido a que Dios es la fuente misma de la vida, la separación eterna de él significa la muerte eterna: "El pago que da el pecado es la muerte". (Romanos 6:23).

LA PROMESA DE SALVACIÓN.

La Biblia habla de algo llamado "salvación", que significa ser librado de las consecuencias del pecado, «muerte eterna», y experimentar la paz con Dios, teniendo la certeza de vivir para siempre con él. Juan 3:16, el versículo quizás más conocido de toda la Biblia explica claramente cómo puedes obtener salvación y vida eterna: *«Tanto amó Dios al mundo, que dio a su Hijo único, para que todo aquel que cree en él no muera, sino que tenga vida eterna».* (Juan 3:16).

Analicemos este versículo para entender mejor la sencilla verdad que proclama: *«Tanto amó Dios al mundo...».* Esto quiere decir, que estamos incluidos en este "amor" absolutamente todos los seres humanos que habitamos la Tierra. La realidad de este pasaje es la siguiente: ***Dios te ama de verdad.*** En la siguiente parte del versículo, muestra la magnitud de ese amor que tanto nos tiene *« ...que dio a su Hijo único...».*

¿Cómo es que Dios dio a su Hijo?

"Pero Dios prueba que nos ama en que, cuando aún éramos pecadores, Cristo murió por nosotros". (Romanos 5:8). Cuando Jesucristo, el Hijo de Dios, murió en la cruz, pagó la pena que merecíamos por causa de nuestros pecados. Él llevó sobre sí todos nuestros pecados y murió, en aquella cruz del monte Gólgota para que, a través de tal sacrificio único y suficiente, todos seamos librados de la condenación eterna a la que estamos destinados, pero que se anula cuando recibimos por fe a Cristo en nuestros corazones, al reconocerlo como Señor y Salvador. Al morir dijo: *«Todo está cumplido».* (Juan 19:30). Y con eso quiso decir, que él finalmente había hecho todo lo que hacía falta para obtuviéramos la salvación y adquiriéramos la vida eterna.

Como Hijo de Dios, Jesús era igual al mismo Dios. Es una parte de lo que los teólogos denominan la Trinidad: Dios el Padre, Dios el Hijo y Dios el Espíritu Santo. Sin embargo, y esto es lo sorprendente, aunque Jesús era igual a Dios el Padre, porque era Dios mismo (Juan 1:1-3; 10:30) por su propia voluntad estuvo dispuesto a hacerse humano y morir por nosotros (Filipenses 2:5-8) dejando su trono de gloria para hacerse hombre y vivir treinta y tres años entre nosotros los hombres mortales.

A todos esto, surge una pregunta: ¿cómo debemos responder a la muerte de Jesús en la cruz? « *...para que todo aquel que cree en él no muera...*» Si crees que Jesucristo es el Hijo de Dios y lo aceptas como tu Salvador, no tendrás que pagar el castigo eterno por tus pecados, porque Jesús pagó por ti esa pena cuando murió en la cruz. « *...sino que tenga vida eterna*». En lugar de muerte y separación de Dios, tendrás vida eterna.

La vida eterna es algo que todos aquellos que creen en Jesús reciben en el momento preciso en que confiamos en Cristo como Señor y Salvador:

- Tus pecados son perdonados. (Colosenses 1:14).

- Pasas a ser un hijo de Dios. (Juan 1:12).

- Tienes vida eterna. (Juan 3:16).

¡NO LO OLVIDES!

Para tener seguridad de la salvación, simplemente cree de todo corazón lo que Dios dice en su Palabra: «Tanto amó Dios al mundo, que dio a su Hijo único, para que todo aquel que cree en él no muera, sino que tenga vida eterna». (Juan 3:16).

PASOS PARA LA SALVACIÓN

1. Debemos reconocer que somos pecadores (Romanos 3:23)

«Por cuánto todos pecaron, están destituidos de la gloria de Dios». **Romanos 3.23**

Afirmando que todos los hombres son pecadores, están condenados y necesitan Salvación.

Comprender esto es sumamente vital. Toda persona, sin importar que se considere buena o mala, tiene que darse cuenta en un momento determinado que, ante los ojos de Dios, es un pecador totalmente perdido. Es muy difícil para las personas, especialmente los moralistas, aceptar la realidad de que en ellos no hay nada malo por lo cual necesiten salvación. Aceptar que el hombre es un pecador, implica destruir todas las fortalezas humanistas que las personas tienen y que la presentan como buena ante los ojos de los hombres. La Biblia dice que en Adán todos pecaron y que están muertos en delitos y pecados, hasta que reciban la vida espiritual y eterna en Jesús. (Romanos 5:12).

2. Debemos reconocer que no podemos salvarnos a nosotros mismos. (Romanos 3:28).

El hombre tiene que llegar a la conclusión de que todas sus buenas obras son consideradas por Dios como trapo de inmundicia. El hombre no tiene nada, ni puede hacer nada en sí mismo para ser justo o para llegar al cielo.

El intento del hombre desde que pecó en Edén ha sido cubrirse el mismo con un vestido de hojas, que representan sus obras, en vez de recibir la provisión de Dios, que es el derramamiento de sangre. La Biblia dice en Romanos 3:28, que el hombre es justificado por la fe en Cristo, sin las obras de la ley «obras». Y en Gálatas 3:11 dice que por la ley «obras» ninguno se justifica para con Dios.

Todo esto implica que el hombre tiene echar a un lado todas sus ideas e intentos de salvarse y recibir el único remedio para su vida: Jesucristo el Hijo de Dios y su sacrificio en la cruz del Calvario. (Romanos 3:24).

3. Arrepentirse. (Romanos 2:4).

Veremos en el capítulo siguiente más a fondo respecto de la doctrina de arrepentimiento. Por ahora, hagamos solamente un breve análisis:

La palabra arrepentimiento significa cambiar de mente o dar media vuelta, *apartarse*. En otras palabras: un cambio radical de dirección en nuestras vidas. Después de que el hombre acepta las dos cosas mencionadas anteriormente, tiene que estar dispuesto a cambiar su modo de pensar y comenzar a actuar en armonía con lo que Dios dice en Su Palabra.

Contrario a lo que algunas religiones han enseñado, lo que nos guía al arrepentimiento no es la severidad e ira de Dios, sino las riquezas de Su benignidad, paciencia y longanimidad, así como su misericordia. Apartarse, no quiere decir confesar. La confesión es parte del arrepentimiento, pero no lo constituye todo en sí mismo. Apartarse significa huir de todo, y todos los que nos hacen pecar. Es decir: primero entendemos que somos pecadores, después lo confesamos, y por último nos apartamos. Todo esto en su conjunto y de forma inseparable.

4. Creer en Jesucristo. (Romanos 10:9-10).

Cuando escuchamos la Palabra de Dios, esta nos inspira fe en el corazón para que creamos: pongamos toda nuestra confianza en Jesús como único camino a Dios. Hechos 4:12 dice: «...*que en ningún otro hay salvación; porque no hay otro nombre bajo el cielo, dado a los hombres en que podamos ser salvos*». También 1ª de Timoteo 2:5 dice: «*porque hay un solo Dios y mediador entre Dios y los hombres, Jesucristo el hombre*».

Cuando el ser humano acepta en su corazón que es justificado por la fe en la muerte y resurrección de Cristo, es entonces que acontece el milagro del nuevo nacimiento. Por eso la Biblia dice que hay que creer en el corazón dos cosas: Que Dios levantó de entre los muertos a Jesús y que solamente Él es nuestra justicia.

5. Confesar y creer que Jesús es el Señor. (Romanos 10:9-10).

Lo que definitivamente sella nuestra salvación, es confesar con la boca que Jesús es el Señor. Nuestro Señor. Con esto declaramos también que renunciamos a Satanás y sus demonios. Es importante la confesión, porque con ella se establece mi salvación ante Dios, ante los hombres y ante Satanás. Sabemos que en todo esto está envuelta la obra del Espíritu Santo, que es el que nos trae convicción de pecado y quién nos dirige a creer en Jesús como el único Salvador. El hombre que sinceramente hace esto es salvo, pues la Escritura dice: «Todo aquel que en Él creyere, no será avergonzado». (Romanos 10:11).

CAPÍTULO 5

LA DOCTRINA DE CRISTO

PARTE 5

CRISTO ES EL FUNDAMENTO.

«Porque nadie puede poner otro fundamento que el que está puesto, el cual es Jesucristo». 1ª Corintios 3:11

La palabra de Dios enseña que Jesucristo es la piedra del ángulo y la piedra sólida que sostiene todo el edificio, o sea, el cuerpo. Por eso, es importante estudiar los fundamentos de la doctrina de Cristo para que cada creyente esté bien arraigado, y cuando venga la tormenta, no caiga, al estar cimentado en la roca perfecta que es Jesús.

Lo que queremos comunicar, es, que Jesucristo, es el único mediador entre Dios y los hombres, el único ser que es 100 % Dios y fue 100 % hombre, y el único camino posible al Padre y, por ende, a la eternidad. El fundamento es que Jesucristo es el hijo de Dios, vino a esta tierra como hombre, murió por los pecados de todos y resucitó al tercer día, y hoy está sentado a la derecha del Padre, lugar desde el que intercede por nosotros.

DESPUÉS DE LA SALVACIÓN. ¿QUÉ HAREMOS? ¿QUÉ ESPERA DIOS DE NOSOTROS?

Dios espera de nosotros madurez espiritual, creyentes sólidos en la Palabra, llenos de fruto en nuestras vidas, estables y llenos del Espíritu Santo: «Por tanto, dejando ya los rudimentos de la doctrina de Cristo, vamos adelante a la perfección, no echando otra vez el fundamento del arrepentimiento de obras muertas, de la fe en

Dios, de la doctrina de bautismos, de la imposición de manos, de la resurrección de los muertos y del juicio eterno. Y esto haremos, si Dios en verdad lo permite». (Hebreos 6:1-3).

¿CUÁLES SON LOS FUNDAMENTOS DE LA DOCTRINA DE CRISTO?

Podemos resumir estos fundamentos en los siguientes principios:

1. Arrepentimiento de obras muertas.

2. La fe en Dios.

3. La doctrina de bautismos.

4. La imposición de manos.

5. La resurrección de los muertos.

6. El juicio eterno.

1. Arrepentimiento de obras muertas.

« *...no echando otra vez el arrepentimiento de obras muertas...».* **Hebreos 6:1**

El escritor de Hebreos nos está diciendo esto porque los creyentes que habían creído en Jesús estaban padeciendo persecución y eran rechazados por la sociedad de ese tiempo. Muchos de ellos estaban volviendo al judaísmo a practicar los ritos de la ley. Debido a esto, Pablo ve la necesidad de enseñarles: «tienen que crecer, soportar la persecución y no volver a las obras muertas que no los llevan a Dios».

El primer llamado para el pecador es: arrepentirse de las obras muertas. Son obras hechas por el motivo incorrecto y fuera del tiempo de Dios. Pero para comprenderlo mejor vamos a definirlo, por favor, lea Hechos 5:12.

¿Qué es arrepentimiento?

Arrepentimiento es la palabra griega *metanoia*, que significa cambiar de mente, de corazón y de acción, después de comprender cuál es nuestra condición delante de Dios. Cuando una persona está arrepentida, cambia de forma de pensar, de actuar y dará fruto de verdadero arrepentimiento.

El arrepentimiento incluye:

· **Cambio de mente.** La persona reconoce su equivocación y reconoce su condición delante de Dios.

· **Cambio de corazón.** Recibe la convicción del Espíritu Santo acerca de su pecado y decide no continuar con esa errónea manera de vivir.

· **Cambio de acción.** Esta persona se parta del pecado, de lugares, de cosas materiales, así como de las personas que le inducen a desobedecer a Dios.

Diferencia entre remordimiento y arrepentimiento

· **Remordimiento:** Es tener una aceptación mental de nuestro pecado o condición y tener temor por las consecuencias.

· **Arrepentimiento:** Es reconocer con todo el corazón nuestra condición de pecado y, sobre todo, que hemos ofendido a Dios; no es porque queremos evitar las consecuencias, sino porque amamos y tememos a Dios. Por ejemplo: el apóstol Pedro se arrepintió de todo corazón por haber negado a Jesús y esto lo llevó a ser restaurado; Judas, por el contrario, tuvo remordimiento de haber vendido a Jesús y se perdió para siempre.

Algunos indicadores de un verdadero arrepentimiento:

- Tristeza a causa del pecado. (2ª Corintios 7:10).

- Confesión de pecado. (Salmos 32:5; 1ª Juan 1:9).

- Apartarse del pecado. (Proverbios 28:13).

- Odiar el pecado. (Proverbios 8:13).

- La restitución. (Lucas 19:8).

¿Qué es una obra muerta?

Es todo aquello que hacemos y no es iniciado por Dios. Hemos visto creyentes realizando «obras muertas», es decir, cosas que Dios no les ha mandado hacer.

Existen muchos creyentes voluntariosos haciendo cosas en sus propias fuerzas, es decir: en el momento incorrecto y con la intención incorrecta. En otras palabras, son las obras que hacemos supuestamente para el trabajo de Dios, pero con la motivación incorrecta. Dichas obras serán juzgadas en el tribunal de Cristo.

El tribunal de Cristo

> « ...*porque es necesario que todos nosotros comparezcamos ante el tribunal de Cristo, para que cada uno reciba según lo que haya hecho mientras estaba en el cuerpo, sea bueno o sea malo». 2ª Corintios 5:10*

El tribunal de Cristo es el lugar donde seremos juzgados todos los creyentes por lo que hicimos en la tierra. Dicho tribunal o juicio, no será para condenación, sino para recibir galardones donde Cristo mismo estará entregando a cada creyente su recompensa. El aspecto fundamental que tomará en cuenta el Señor para juzgar las obras; son las intenciones y los motivos del corazón. Lea 1ª Corintios 4:5 y 1ª Corintios 3:12-15.

Recuerde que para que dejemos de hacer obras muertas y podamos obtener galardones en el cielo, todo lo que hagamos debe hacerse en el nombre de Jesús, para la gloria de Dios y de todo corazón con el único fin de honrarlo y adorarlo a Él.

CAPÍTULO 6
MI IDENTIDAD DE CRISTO
PARTE 6
INTRODUCCIÓN

Aunque los creyentes hemos sido declarados justos y santos por medio de la sangre de Cristo, tenemos la responsabilidad de caminar en santidad, de forma que podamos agradar a Dios y ser usados para su gloria aquí en la tierra. No podemos conformarnos meramente con nuestra posición ante Dios, sino que Dios espera que actuemos con forme a lo que Él ya depositó en nosotros cuando nos hizo nueva creación.

1. DIOS DEMANDA SANTIDAD. (Éxodo 16:6).

Una de las características de Dios es que Él no cambia, es el mismo hoy que ayer. En el Antiguo Testamento, Dios exigía que Su pueblo fuera santo para que pudiera recibir sus bendiciones. En Éxodo 19:5-6, Dios le dice a Su pueblo que son responsables de oír Su voz y guardar Su pacto, y entonces ellos serían Su especial tesoro. Aquí encontramos una promesa de Dios para Su pueblo donde Él espera que ellos sean un reino de sacerdotes y gente santa.

La razón por la cual, Dios espera que Su pueblo sea santo es porque Él es santo. (Levítico 11:44). Esto nos hace entender que podemos vivir una vida santa como resultado de caminar con Dios. Lo que constituye al Pueblo de Dios en un pueblo distinto y especial ante Dios, es que Su pueblo viva en santidad. La palabra «santificación», significa separación, indicando esto que el pueblo de Dios ha sido separado para servirle a Él.

2. PRACTICANDO LA SANTIDAD. (1ª Pedro 1:14).

La calve de la santidad es la obediencia a Dios. Este pasaje nos dice que, si somos hijos obedientes a Dios, lo demostramos no conformándonos a los deseos que teníamos antes, cuando estábamos en la ignorancia del pecado. Esta obediencia es el resultado del temor de Dios que todo creyente debe tener. Cuando tenemos temor de Dios, es cuando lo respetamos y anhelamos no dañar Su corazón con nuestros pecados.

La crisis del cristianismo moderno es que se ha perdido el temor de Dios, abusando de la gracia que Él nos ofrece. Creyendo que nos es permitido, (pareciera que, cualquier cosa vale en la iglesia) Y honestamente, no todo es permitido por el Señor. Debemos seguir amando a Dios y obedecer los principios morales establecidos en Su Palabra.

Necesitamos renovar nuestro entendimiento, es decir, comenzar a pensar como Dios quiere que pensemos. Comenzar a vivir como Dios nos demanda que vivamos, y, a actuar como Dios nos demanda que actuemos. El apóstol Pedro en este pasaje nos indica que consideremos el precio que se pagó por nuestra santificación. Este precio es la sangre preciosa de Jesús que derramó para que podamos verdaderamente perfeccionar la santidad en el amor a Dios.

Estamos viviendo los tiempos de la consumación de todas las cosas, es decir: tiempos finales. El Señor nos dice en Su Palabra que va a presentarle a Cristo una Iglesia sin mancha y si arruga, es decir: una iglesia gloriosa. Esto nos da a entender que, para manifestar la gloria de Dios, debemos caminar en santidad. Hebreos 12:14 nos enseña que: *"sin santidad nadie verá a Dios"*, en otras palabras, que los creyentes que se nieguen a vivir en santidad no verán la manifestación de la gloria de Dios aquí en la tierra, ni en los cielos.

Los resultados de caminar en santidad son aparte de la seguridad de la salvación de Dios:

- Recibir las bendiciones de Dios.

- Vivir bajo la protección de Dios.

- Ver su diestra de poder obrando a favor nuestra y de los nuestros.

- Alcanzar la corona de vida eterna, prometida a los que han vivido conforme a Su voluntad.

CAPÍTULO 7

LA DOCTRINA SOBRE LA FE

PARTE 7

La fe constituye uno de los mayores desafíos para la humanidad, aún a veces incluso para los mismos creyentes. Sin embargo, la fe no es un asunto meramente místico o desconocido, la fe es otro fundamento principal del cristianismo, del cual habla clara y directamente el escritor de Hebreos.

Estudiemos algunos aspectos básicos:

¿QUÉ ES LA FE? (HEBREOS 11:1).

Fe es la base o la confianza de que recibiremos lo que esperamos; la persuasión o convencimiento absoluto, de alcanzar lo que todavía no se ve. De acuerdo con el idioma griego (lengua en la que se escribe el Nuevo Testamento) la palabra fe es el vocablo «*pistis*», que significa tener una firme convicción o persuasión basada en lo oído.

En esta definición, podemos observar que, el tipo de fe que tengamos dependerá de lo que oímos. Si escuchamos algo malo, así será el resultado de nuestra fe. De igual forma si oímos algo bueno, el resultado de nuestra fe será afectado positivamente por aquello que hemos oído.

La fe, Por tanto, es una confianza absoluta y una creencia incuestionable en la Palabra de Dios, así como en las cosas espirituales que no vemos. Cuando analizamos estas definiciones, podemos decir que el nivel y el tipo de fe que tenemos están basados en la cantidad y en la calidad de los mensajes o prédicas que escuchamos a la luz de las Escrituras. Eso nos garantiza el título de propiedad de lo que estamos pidiendo, y permite que lo declaremos y lo recibamos como algo real:

«Es, pues, la fe la certeza de lo que se espera, la convicción de lo que no se ve». **Hebreos 11:1**

Debemos estudiar la expresión: "la fe es". Es muy interesante, pues no dice: "la fe será" sino que habla en tiempo presente y, nos dice que, aunque no veamos las cosas físicamente, por la fe se recibe, lo que esperamos para hoy, y no para mañana.

Observemos esto:

La Biblia en este pasaje, dice respecto de la fe que es: *La certeza de lo que se espera.* Esta palabra, *certeza*, es la misma que se usa para referirse a sustancia. La sustancia es todo aquello que es tangible y que está compuesto de materia. Por tanto, no son ilusiones o ideas, sino algo concreto y definido. Por ejemplo, la esperanza no tiene sustancia, sin embargo, la fe, le da sustancia a la esperanza, ya que la sustancia es algo tangible, concreto y real.

Si usted tiene esperanza y no tiene fe, es una esperanza vacía. Cuando Pablo usa esta expresión: *«la convicción de lo que no se ve»,* no está diciendo que estas cosas no existen, sólo está diciendo que humanamente no existen y no se ven. En otras palabras, estas cosas están allí, pero no las podemos ver con ojos naturales. Por eso, debemos verlas con los ojos de la fe. Nuestros sentidos naturales tratan con cosas materiales, temporales y cambiantes, pero la fe trata con verdades de Dios reveladas, que son invisibles, eternas e inmutables.

Cristo mismo dijo: "Quitad la piedra", y Marta, la hermana del que había muerto, respondió: "Señor, hiede ya, porque es de cuatro días. Jesús le dijo: ¿No te he dicho que, si crees, verás la gloria de Dios?". (Juan 11:39-40). En este pasaje, Jesús deja bien claro que la fe consiste en creer primero y después ver, y no al revés. Los sentidos y la revelación de la Palabra, a menudo, nos presentan un aparente conflicto entre la evidencia de nuestros sentidos y la revelación de la Palabra.

El justo vivirá por fe.

> *«Pero sin fe es imposible agradar a Dios; porque es necesario que el que se acerca a Dios crea que le hay, y que es galardonador de los que le buscan». **Hebreos 11:6***

La fe es el único medio que nos conduce a una total dependencia del Señor. La fe nos lleva a estar dependiendo constantemente de un Dios que no vemos físicamente, pero que, por nuestra fe, sabemos que está presente en nuestras vidas. «He aquí que aquel cuya alma no es recta, se enorgullece; mas el justo por su fe vivirá». (Habacuc 2:4). La palabra de este pasaje "vivirá "en el idioma hebreo, (lengua en la que se escribe el Antiguo Testamento), es el vocablo «*chayah*», que significa existir, preservar, florecer, vivir felizmente, respirar, estar animado, recuperar la salud, vivir. Esta palabra cubre todas las dimensiones de la personalidad y de la experiencia humana en todos los aspectos. Por ejemplo: comer implica uno de esos aspectos, y el comer implica reconocer que Dios ha provisto el alimento.

«Porque por gracia sois salvos por medio de la fe; y esto no de vosotros, pues es un don de Dios». (Efesios 2:8). En este citado pasaje, la palabra salvos en el griego es *zozo*, que significa salvación, provisión, liberación, prosperidad. Lo que entendemos es, que todas las cosas, vienen a nuestra vida por medio de la fe y la gracia de Dios. Aunque todas estas cosas me fueron dadas por gracia, deben recibirse por medio de la fe.

¿TODOS LOS CREYENTES TIENEN FE?

La respuesta es rotundamente Sí. Todos los creyentes tienen una medida de fe. « ...conforme a la medida de fe que Dios repartió a cada uno». (Romanos 12:3).

La razón por la cual muchos creyentes creen que no tienen fe en algunas áreas, es porque no la tienen desarrollada. La pregunta no es si cada creyente tiene fe, la pregunta debe ser, si esa medida dada por el Señor está desarrollada o no.

Jesús les dijo: «Por vuestra poca fe; porque de cierto os digo, que, si tuviereis fe como un grano de mostaza, diréis a este monte: Pásate de aquí a allá, y se pasará, y nada os será imposible». (Mateo 17:20). En este pasaje, Jesús usa la ilustración de un grano de mostaza. Este granito tiene la particularidad de ser una de las semillas más pequeñas que existe, sin embargo, cuando se siembra y crece, es un árbol gigante que desarrolla grandes ramas con una gran altura.

A cada creyente le fue dada una medida de fe que es como una pequeña semilla de mostaza. Si esa semilla se siembra en «buena tierra», va a crecer rápidamente hasta llegar a ser una gran fe, con grandes ramas. Nuestra fe debe ser desarrollada en cada área de nuestra vida.

La fe se desarrolla por medio de escuchar la palabra de Dios continuamente.

«Así que la fe es por el oír, y el oír, por la palabra de Dios». **Romanos 10:17**

La fe no se desarrolla por haber oído una vez, o de vez en cuando la Palabra de Dios, sino por oírla continuamente. Si esto ocurre nuestra fe crecerá y seremos «gigantes en la fe». Algunas veces, puede ser un proceso que toma tiempo, pero la primera decisión que se debe tomar es estudiar la Palabra, oírla, meditarla y vivirla para poder desarrollar la fe en nuestra vida.

CAPÍTULO 8
LA DOCTRINA DEL BAUTISMO
PARTE 8

Por tanto, id, y haced discípulos a todas las naciones, bautizándolos en el nombre del Padre, y del Hijo, y del Espíritu Santo... **Mateo 28:19**

La Palabra bautismo en el griego es baptizo, que significa bañar o sumergir. Esta palabra se usaba para descubrir la inmersión total de un trapo en tinta. La connotación de este vocablo, bautismo, sugiere que es necesaria una inmersión total. Juan el Bautista bautizaba en el río Jordán porque allí había mucha agua, lo cual facilitaba la inmersión total.

La razón principal de una inmersión total es, que puede simbolizar apropiadamente el entierro; es decir, cuando una persona es bautizada en aguas, literalmente, en el ámbito espiritual, está siendo enterrada en una tumba, y está resucitando a una nueva vida: « ...porque somos sepultados juntamente con él para muerte por el bautismo, a fin de que como Cristo resucitó de los muertos por la gloria del Padre, así también nosotros andemos en vida nueva». (Romanos 6:4).

¿CUÁLES SON LOS TIPOS DE BAUTISMOS?

1) Bautismo en agua.

Es un acto físico, público y también un mandamiento.

2) Bautismo en el Espíritu Santo.

Éste es el bautismo para recibir poder de lo alto.

3) Bautismo con fuego.

Es el bautismo para ser purificados, limpiados y santificados.

1. BAUTISMO EN AGUA

«Por tanto, id, y haced discípulos a todas las naciones, bautizándolos en el nombre del Padre, y del Hijo, y del Espíritu Santo...». **Mateo 28:19**

Por tanto, enseñamos que el bautismo es el acto físico en el que son sumergidos en agua los creyentes para expresar una verdad espiritual. Con el bautismo en agua, compartimos simbólicamente con Cristo el hecho de su muerte y resurrección. Obviamente, la persona bautizada no muere por el pecado, como lo hizo Jesús, pero sí da testimonio público al hecho de que la obra de Cristo es valedera. Como Cristo murió por el pecado de la humanidad, así morimos simbólicamente a la vieja manera de vivir. El bautismo simboliza también el entierro de la vieja naturaleza pecaminosa, la cual es dejada bajo el agua, y la persona es resucitada a la nueva vida en Jesús. Con esto el creyente declara que vivirá para Jesús como discípulo. (Gálatas 2:20).

Las razones por las cuales un creyente debe bautizarse son:

· Porque un mandamiento de Jesús. (Mateo 28:19).

· Es la señal de que aspira a una buena conciencia hacia a Dios. (1ª Pedro 3:21).

· Porque Jesús mismo fue bautizado. (Mateo 22:16).

· Porque simboliza lavamiento o limpieza de nuestra vieja vida. (Hechos 22:16).

- Es una confesión externa de lo que ha pasado en nuestro corazón. Un testimonio público delante de los hombres de la renunciación al pecado y al mundo.

2. BAUTISMO CON EL ESPÍRITU SANTO.

*«Yo a la verdad os bautizo en agua para arrepentimiento; pero el que viene tras de mí, cuyo calzado yo no soy digno de llevar, es más poderoso que yo; él os bautizará en Espíritu Santo y fuego». **Mateo 3:11***

Todo creyente que ha recibido a Cristo tiene vida eterna, y si muere va directamente al cielo, y el Espíritu Santo, «se está vivo en la Tierra» vive y mora dentro de él. Sin embargo, cuando la Palabra habla del Bautismo con el Espíritu Santo, se refiere al momento en que el creyente recibe el poder de Dios para ser testigo efectivo de Jesús y llevar a cabo su llamado, manteniendo una vida realmente cristiana y victoriosa. (Hechos 1:8).

La palabra poder es la palabra griega dunamis, que significa la habilidad y la capacidad para llevar a cabo cualquier cosa. En otras palabras, cuando Dios nos imparte su poder y la habilidad o la capacidad de llevar a cabo algo, seremos mejores creyentes. Esta es una experiencia que ocurre después del nacimiento.

Evidencia de la llenura o el poder del Espíritu Santo

- Hablará en otras lenguas. (Hechos 2:1-4).
- Denuedo para testificar. (Hechos 4:30-31).
- Hambre por conocer más a Dios.

- Jesús se vuelve más real, porque se comienza a experimentar su presencia.

- Al abrirse las puertas de lo sobrenatural el creyente comenzará a moverse en los dones del Espíritu Santo.

- Mayor eficacia en la oración.

3. BAUTISMO CON FUEGO/SUFRIMIENTO.

«Ellos le dijeron: Concédenos que en tu gloria nos sentemos el uno a tu derecha, y el otro a tu izquierda. Entonces Jesús les dijo: No sabéis lo que pedís. ¿Podéis beber del vaso que yo bebo, o ser bautizados con el bautismo con que yo soy bautizado? Ellos dijeron: Podemos. A la verdad, del vaso que yo bebo, beberéis, y con el bautismo con que yo soy bautizado, seréis bautizados...». **Marcos 10:37-39**

Cada creyente debe pasar por el bautismo de fuego o sufrimiento; esto es parte del plan de Dios para "matar" nuestro ego y nuestra vieja naturaleza. También se lo conoce como los tratos de Dios y, esto ocurre cuando el Señor le ha hablado a una persona de diferentes maneras, como, por ejemplo: por la Palabra, por profecía y por diferentes medios. Pero si la persona se rehúsa a cambiar, entonces, Dios tiene que llevarla a través del bautismo de sufrimiento para moldear su carácter y llevarla a ser como Jesús. (Jeremías 15:19).

Es importante saber que, cada creyente nacido de nuevo, que se haya sumergido en aguas y que haya sido lleno del Espíritu Santo, deberá estar preparado para recibir el bautismo de fuego. Tenemos que enseñarle que, en la vida cristiana habrá momentos de tribulación, pruebas y dificultades, pero que también el Señor nos ha dado el poder y la gracia para soportar y estar firmes en medio de toda adversidad.

CAPÍTULO 9

DOCTRINA SOBRE IMPOSICIÓN DE MANOS

PARTE 9

"No impongas con ligereza las manos a ninguno ni participes en pecados ajenos. Consérvate puro" **1 Timoteo 5:22**

La Imposición de Manos se define como el acto en el cual una persona, pone las manos sobre otra, con el propósito de transmitir una bendición espiritual por medio de la ley del contacto y la transmisión.

UNA PRÁCTICA HABITUAL DESDE LA ANTIGÜEDAD.

- Los israelitas imponían las manos en los animales que iban a ofrecer como sacrificio, para simbolizar la transferencia de pecado e identificación con la ofrenda del pecado.

- Jacob, Israel, impartió una bendición a Efraín y a Manasés, hijos de José, por la imposición de manos que incluía una palabra profética. (Génesis 48:14).

- Moisés comisionó a Josué por medio de la imposición de manos impartiéndole su autoridad y su sabiduría. Aquí vemos la transferencia de liderazgo de una medida de sabiduría y honra para poner a Josué en condiciones de ser líder. Deuteronomio 34:9

RAZONES DEL NUEVO TESTAMENTO PARA LA IMPOSICIÓN DE MANOS.

1. Para impartir sanidad.

Jesús impartió la sanidad por medio de la imposición de manos. (Lucas 4:40). Jesús les dio a los creyentes la gran comisión, tanto para evangelizar como para imponer las manos y sanar a los enfermos. (Marcos 16:17-18).

2. Para impartir bendición.

Por medio de la imposición de manos se puede transmitir bendición, tal como lo hizo Jesús. (Mateo 19:13-15).

3. Para impartir el bautismo en el Espíritu Santo.

Los creyentes de la iglesia primitiva en general, así como los líderes, estaban involucrados en impartir el bautismo del Espíritu Santo por la imposición de manos. (Hechos 19:6).

4. Para impartir dones espirituales.

Los apóstoles y profetas tienen la habilidad de impartir dones espirituales a través de la imposición de manos. (1ª Timoteo 4:14).

5. Para ordenar personas al ministerio.

Los ancianos y los diáconos establecidos son apartados para una obra específica por la imposición de manos. Esta imposición, es realizada por una persona con una unción específica para cumplir esa obra. (Hechos 13:2-3).

La ley de contacto y transmisión es puesta en operación cuando se impone manos; por esto, hay que tener cuidado a la hora de imponer e impartir con las manos, sabiendo siempre, con discernimiento, sobre quién estamos ministrando con la imposición de manos. (1ª Timoteo 5:22).

Por medio del acto de imponer las manos, se puede transmitir bendición o maldición, dependiendo de quién las está imponiendo. Si es una persona llena del poder de Dios, ungida y que lleva una vida santa, la otra persona recibirá liberación, sanidad, un don espiritual, etc. Por el contrario, si la persona que impone manos es una persona que está seca espiritualmente y lleva una vida sucia, trasmitirá todo lo que hay en él/ella a la persona a la que le impone sus manos.

Por tanto, se hace un claro llamado a la imposición de manos como un acto bíblico, pero también a la precaución de no dejar que, nadie que no tenga un testimonio claro, limpio y recto delante de Dios, deba imponer manos sobre otros.

CAPÍTULO 10

DOCTRINA SOBRE LA RESURRECCIÓN DE LOS MUERTOS

PARTE 10

"No os maravilléis de esto; porque vendrá la hora cuando todos los que están en los sepulcros oirán su voz; y los que hicieron lo bueno, saldrán a resurrección de vida; mas, los que hicieron lo malo, a resurrección de condenación" **Juan 5:28-29**

La palabra resurrección significa levantamiento o levantarse. En su forma verbal, significa hacer levantar, despertar de dormir o de la muerte alguien.

A lo largo de toda la Escritura, vemos que Dios ha resucitado muertos. Lea estas referencias: 1ª Tesalonicenses 4:13; Romanos 15:50; 1ª Pedro 1:3-5; 1ª Corintios 15:13; Lucas 14:14.

EJEMPLOS DE RESURRECCIÓN EN EL ANTIGUO TESTAMENTO

· El hijo de la viuda de Sarepta.

· El hijo de la Sunamita.

· El hombre en el sepulcro de Eliseo.

EJEMPLOS DE RESURRECCIÓN EN EL NUEVO TESTAMENTO

· Resucitados por Jesús: la hija de Jairo y también su amigo Lázaro fueron resucitados.

· Resucitado por Pedro: Dorcas.

· Resucitado por: Eutico.

Hay cuatro aspectos de la resurrección que necesitamos considerar en este estudio:

1. La resurrección de Jesucristo; (pasado).

2. La resurrección espiritual del creyente en Jesucristo; (presente).

3. La resurrección del creyente en un cuerpo glorificado; (futuro).

4. La resurrección de todos los que murieron sin Jesús; (futuro).

1. LA RESURRECCIÓN DE JESUCRISTO.

Esta ocurrió en tiempo pasado. La Biblia llama a Jesús: las primicias de la resurrección, porque fue el primero que se levantó de los muertos y vive para siempre.

¿Qué declara la resurrección de Jesús?

· Jesucristo es supremo sobre toda cosa creada.

· Asegura el juicio futuro.

· Jesucristo es el Hijo de Dios.

· La muerte es derrotada.

· Hay un sacerdote en el trono de Dios.

· Hay un nuevo nacimiento en una esperanza viva.

Sin embargo, esta enseñanza no puede significar solamente el conocimiento glorioso de que Jesús resucitó de los muertos, sino una experiencia personal con Él. (Romanos 10:9-10).

2. LA RESURRECCIÓN ESPIRITUAL DEL CREYENTE EN JESUCRISTO.

Cuando recibimos a Jesús como Señor y Salvador, ocurre una resurrección espiritual y recibimos la vida eterna; pero todavía hay otra resurrección posterior para el creyente y esta es la resurrección del cuerpo en uno incorruptible. (Gálatas 2:19-20).

3. LA RESURRECCIÓN DEL CREYENTE EN UN CUERPO GLORIFICADO.

Jesús viene por segunda vez para resucitar a los muertos y los que estemos vivos seremos transformados.

¿Cuándo ha de tener lugar la futura resurrección?

- En la resurrección en el día postrero.

- En su venida.

- A la final trompeta. (1ª Corintios 15:51-52).

- Cuando el Señor mismo, con voz de mando, con voz de arcángel y con trompeta de Dios descienda del cielo. Los primeros en resucitar serán aquellos que murieron en Cristo. (1ª Tesalonicenses 4:16-17).

- Los creyentes se levantarán de nuevo a la vida eterna con un cuerpo glorificado el cual será semejante al que tiene el Señor Jesús. (Filipenses 3:20-21).

4. LA RESURRECCIÓN DE TODOS LOS QUE MURIERON SIN JESÚS.

Esta resurrección será para condenación eterna. Todos aquellos que hayan muerto sin Jesús, serán resucitados para ser condenados por toda la eternidad. **Juan 5:28-29**

Mientras se llevan a cabo los juicios y la gran tribulación, nosotros los creyentes estaremos siendo juzgados en el tribunal de Cristo, no para condenación, sino para recibir recompensas y galardones. En este tribunal seremos juzgados por todo lo que hicimos aquí en la tierra, de acuerdo con las intenciones y motivos del corazón. Cada creyente tendrá que rendir cuentas por las cosas hechas.

¿CÓMO SERÁ ESTE JUICIO DELANTE DEL TRIBUNAL DE CRISTO?

- **De forma individual:** Cada uno es responsable por sus obras y actos; debemos dar cuentas por las cosas buenas que hicimos con el tiempo, el dinero, los talentos, etc.

- **Será ante Cristo, el cual juzgará siendo imparcial:** Su memoria es perfecta, por tanto, es mejor que renunciemos a toda hipocresía ahora y no hagamos ostentación, porque en ese entonces solo habrá honestidad.

- **Será de acuerdo con lo que le hayamos hecho al cuerpo:** . Es decir, de todo lo que hayamos permitido a nuestros ojos mirar, oídos escuchar, nuestro corazón amar, nuestra mente creer, nuestros labios decir, nuestras manos tocar, nuestros pies pisar, y de a qué hayamos entregado a nuestro cuerpo.

- **Todo lo secreto será expuesto:** No sólo lo que hayamos hecho, sino también la intención y los motivos serán revelados. Necesitamos hacer lo que es bueno y correcto ante los ojos de Dios.

¿CUÁLES SON LAS RECOMPENSAS? (1ª CORINTIOS 3:14).

- Coronas por llevar a muchos a la justicia.

- Coronas de justicia.

- Coronas de vida.

- Coronas de gloria.

Las recompensas serán dadas al final, por tanto, retenga lo que tiene para que nadie le quite su corona. Necesitamos mantener buena relación con Dios, siendo responsables con nuestro cuerpo, alma y espíritu.

CAPÍTULO 11

DOCTRINA SOBRE EL JUICIO ETERNO

PARTE 11

*"Por tanto, dejando ya los rudimentos de la doctrina de Cristo, vamos adelante a la perfección, no echando otra vez el fundamento del arrepentimiento de obras muertas, de la fe en Dios, de la doctrina de bautismos, de la imposición de manos, de la resurrección de los muertos y del juicio eterno". **Hebreos 6:1-2.***

Debemos saber que, todo ser humano será sometido a un juicio eterno. Los incrédulos serán juzgados en el gran trono blanco para condenación, mientras que los creyentes serán juzgados en el tribunal de Cristo para galardones y vida eterna en el cielo. Esta es una verdad y doctrina fundamental de nuestra fe cristiana.

¿CUÁL ES EL SIGNIFICADO DE LA PALABRA JUICIO?

El verbo "juzgar" significa "separar", distinguir entre, ejercer juicio en, estimar, pedir cuentas, cuestionar, juzgar juiciosamente, procesar como juez, llevar a juicio, sentenciar, dar cuentas.

¿POR QUÉ DEBEMOS CONOCER DE ESTA DOCTRINA?

· Para que vivamos en el temor de Dios. No se puede vivir livianamente, tiene que haber un temor en nuestro corazón de que Dios nos juzgará si nuestra vida no está basada en la perfecta voluntad de Dios.

· Para interceder por los perdidos. Cada uno de nosotros es responsable de orar por los perdidos, porque si no lo hacemos, seremos juzgados por ello. Debemos tener misericordia del perdido de la misma forma en que Cristo la tuvo con nosotros y nos encontró, salvó y restauró. Él desea lo mismo para todos.

¿CUÁL ES EL DÍA DEL JUICIO ETERNO?

· Es el gran y terrible día de Jehová. Éste es el día que Dios descargará toda su ira sobre aquellos que lo rechazaron de forma sistemática. (Malaquías 4:5)

· Es el día de la ira de Dios, cuando su juicio justo será revelado. Dios sacará a la luz los secretos de los hombres, ya sean buenos o malos. (Romanos 2:5)

· Es el día de juicio y destrucción de los hombres impíos. Lamentablemente, los hombres siguen llevando una vida desenfrenada; siguen en sus pecados, no se arrepienten de su manera de vivir, y por eso, Dios traerá su destrucción en ese día. (2ª Pedro 3:7).

· Es el gran día de la ira del que se sienta en el trono y del Cordero. Será el día más terrible que la humanidad haya vivido; es el día donde toda la ira de Jehová será sobre toda persona que nunca lo recibió. (Apocalipsis 6:16-17).

¿CUÁLES SON LOS CASTIGOS DEL JUICIO ETERNO?

· Ser echado en el fuego eterno del infierno, y estar en compañía del diablo y los demonios. (Mateo 18:8-9).

- Castigo eterno. Será un castigo que no tendrá fin, durará por los siglos de los siglos, es decir, toda la eternidad. (Mateo 25:46).

- El infierno será un lugar de oscuridad, donde habrá llanto y crujir de dientes. (Mateo 25:30).

- El infierno será un lugar de vergüenza y confusión perpetua. (Daniel 12:2).

- Es La segunda muerte. (Apocalipsis 20:14-15).

- Supone una eterna separación de Dios, sin posibilidad de recuperarla. (Mateo 25:41).

¿POR QUÉ DEBE HABER JUICIO?

- Por el pecado contra la Palabra de Dios.

- Por la impiedad.

- Por la maldad.

- Por la desobediencia.

- Por la incredulidad.

- Por la transgresión.

- Por los hechos malos de los hombres.

- Por haber rechazado a Jesús, el hijo de Dios.

¿QUIÉNES SERÁN LOS JUECES EN ESTE JUICIO ETERNO?

- Dios mismo. (1ª Pedro 4:5).

- El Hijo. (Juan 5:22).

- Los santos. (1ª Corintios 6:2-3).

¿CUÁNDO OCURRIRÁ EL JUICIO ETERNO?

1. Después de la muerte. (Hebreos 9:27).

2. En el día final. (Juan 12:28).

3. En la venida de Cristo. (Mateo 25:31).

¿DÓNDE OCURRIRÁ ESTE JUICIO?

· En el trono de su gloria, para las naciones.

· En el tribunal de Cristo, para los santos.

· En el gran trono blanco, para los pecadores. (Apocalipsis 20:11-15).

Los hombres serán juzgados por el pecado y echados en el fuego del lago de azufre por toda una eternidad (Apocalipsis 20:15), mientras que los justos vivirán para siempre con Cristo Jesús y recibirán recompensas por lo que hayan hecho en Su nombre.

Lo que podemos concluir del juicio terno es, que Dios juzga porque Él es justo, por lo tanto, queda establecido lo siguiente: «Y de la manera que está establecido para los hombres que mueran una sola vez, y después de esto el juicio...». (Hebreos 9:27).

Dios es santo, justo y no miente. Dentro de Él no hay sombra de variación. El pecado y la rebelión del hombre contra Dios deben ser juzgados. Los justos han de ir a un lugar donde no hay muerte ni maldición y donde vivirán con Jesús para siempre. Los que no aceptan a Jesucristo, por el contrario, irán al castigo eterno.

El juicio eterno es una verdad fundamental que debería motivarnos como discípulos de Jesús a vivir en el temor de Dios y a alcanzar a los perdidos.

CAPÍTULO 12

EL PODER DE LAS ESCRITURAS

PARTE 12

Por medio del presente capítulo reconoceremos que la Biblia es la revelación de Dios al hombre e inspirada por el Espíritu Santo. La Palabra de Dios contiene valiosas enseñanzas diarias, así como leyes, dirección espiritual, y por supuesto, contiene las promesas divinas del Señor. Las Escrituras también son la verdad y la respuesta a todas las necesidades del hombre. Por tanto, debemos entender que, es vital para todo creyente, mantenerse cada día en el conocimiento, relación y obediencia a las Escrituras.

Como un bebé recién nacido precisa de la leche que su madre le proporciona, el bebé espiritual necesita nutrirse de la Palabra de Dios, imprescindible para su crecimiento. El apóstol Pedro escribió: «Desead como recién nacidos la leche pura espiritual de la Palabra de Dios, para que por ella crezcáis para salvación». (1ª Pedro 2:2).

TENIENDO CONTACTO CON LAS ESCRITURAS

Debemos amar la Biblia y sus enseñanzas, obedeciendo sus indicaciones como lo hace el capitán de un barco con su brújula. Es el más grande tesoro para nuestra vida, la mayor obra literaria escrita, pues contiene la revelación de Dios para el hombre. En sus sesenta y seis libros, resume el trabajo de cuarenta escritores que vivieron en diferentes épocas y que, por medio de la revelación divina, su mensaje se mantiene vigente hasta nuestros días.

- Contiene la voz de Dios y la revelación de Cristo. (2ª Corintios 5:20).

- Contiene las leyes divinas. (Hebreos 1: 2 y 3).

- La Biblia es la revelación de Dios al hombre. (2ª Pedro 1:19, 20).

- Revela el plan de salvación para el hombre. (1ª Timoteo 3:16).

- Revela la Verdad. (Juan 8:32).

- Jesús es el personaje central. (Lucas 24:27).

CÓMO ACERCARSE A LA PALABRA.

Hay cuatro cosas importantes que debemos hacer para sacar de las Escrituras el mejor provecho:

1. Tener una actitud correcta.

Con expectativa, leyendo entre líneas, esperando recibir consejo del ser más sabio que existe. Jesús lo hizo con sus discípulos. (Lucas 24:45).

2. Meditándola.

La mejor manera es hacer preguntas al texto que está leyendo: ¿Qué me enseña el pasaje?, ¿cómo podría aplicar lo leído?, ¿con qué personaje me identifico? (Josué 1:8). La invitación es a meditar en la Biblia de día y de noche, que la Palabra esté presente en todas nuestras actividades.

3. Con obediencia.

El propósito de meditar en la Palabra es que aprendamos con obediencia y que exista en nosotros un corazón sensible. Véase Santiago 1:22-25.

4. Con un corazón moldeable.

Es decir, que se deje enseñar sin autosuficiencia, sabiendo que nunca dejaremos de aprender. (Salmo 119:96). Apéguese a la palabra cada día cuando se acerque a ella, pídale a Dios que haga su corazón como buena tierra.

CÓMO ESTUDIAR LA PALABRA.

Cuando estudiamos la Palabra, el lugar, el ambiente y el momento juegan un papel fundamental, considere las siguientes sugerencias:

1. Escoja un lugar determinado.

2. Consigue un cuaderno y conviértelo en tu devocional diario.

3. Establezca un hábito de estudio.

Durante el devocional medite en la lectura sobre:

1. El mensaje de Dios para hoy.

2. Las promesas de Dios para mi vida.

3. Los mandamientos por obedecer.

4. La aplicación personal.

BENDICIONES DE ACERCARME A LA PALABRA.

- Nos permite vencer el pecado. (Lucas 4:4; Salmo 119:11).

- Nos capacita para enfrentar errores doctrinales. (Tito 1:9).

- Nos sirve en la guerra espiritual. (Efesios 6:17).

- Nos da poder en la oración. (Juan 15:7).

- Nos da la seguridad de ser salvos. (1ª de Juan 5:13).

- Nos da paz en medio de la aflicción. (Juan 16:33).

- Nos capacita para exteriorizar nuestra fe. (1ª de Pedro 3:15).

El libro de 2ª Timoteo 3.16-17 nos enseña lo siguiente: «Toda la Escritura es inspirada por Dios, y útil para enseñar, para redargüir, para corregir, para instruir en justicia, a fin de que el hombre de Dios sea perfecto, enteramente preparado para toda buena obra».

CAPÍTULO 13
¿CÓMO HABLAR CON DIOS?

Una de las tareas de todo pastor, líder o creyente es la de enseñar lo importante que debe ser para nosotros la oración, así como lo fue para el Señor Jesús, que por medio de ella tengamos mayor intimidad con Dios y aprendamos a tener un tiempo devocional diario.

Todo aquel que anhela vivir en victoria, debe aprender a depender de Dios, diariamente a través de la oración. La oración es dinamita, cosas tremendas pueden ser hechas en las vidas de quienes la practican, por eso debe ser parte de nuestros hábitos como: comer, dormir o lavarnos diariamente. El mismo Señor Jesucristo se apartaba para hablar con el Padre. (Véase Marcos 1:35).

I. IMPORTANCIA DE LA ORACIÓN.

Si queremos ser verdaderos cristianos, debemos seguir las pisadas del Maestro, o sea, apartar un tiempo a solas con Dios, preferible en la mañana, de esta manera contamos con su apoyo y dirección en toda situación.

Cuando ore, hágalo a solas por dos razones
Mateo: 6:6

a.   Mejor intimidad con Dios.

b.   Podemos derramar nuestro corazón delante de Dios sin temor. (Jeremías 29:12-13).

A solas, puede decirle al Señor lo que le preocupa o necesita, y acudir a Él confiadamente, pues Él nos conoce tal y como somos.

En Mateo 11:28, encontramos una invitación para los que están trabajados, es decir, los atribulados, afligidos o abatidos física o emocionalmente, y, si buscamos a nuestro Padre Celestial, Él está siempre dispuesto para nosotros. (Isaías 65:24).

II. ¿CÓMO TENER UN TIEMPO DE ORACIÓN?

a) Inicie su tiempo de oración reconociendo la presencia de Dios. (Hebreos 11:6)

b) Después, confiese a Dios cualquier pecado cometido con palabras, acciones o pensamientos, así sus oraciones no tendrán estorbo. (Lee Salmo 66:18-19).

c) Puede dedicar tiempo a presentar sus necesidades específicas. Jesús las incluyó en el Padre Nuestro. (Mateo 6:11-13 y Juan 16:24).

d) Determine dar a Dios el mejor tiempo y no el que le sobre. Hágalo convencido de que está haciendo la mejor inversión, además de estar guardando su vida de la tentación. (Mateo 26:41).

e) Antes de acostarse examine su vida. Preguntándole al Señor qué cosas de su vida le desagradan y luego confíeselas y apártese. (Proverbios 28:13).

«Más la oración de los rectos es su gozo».
Proverbios 15: 8

Dios mira la actitud de su corazón y se goza con cada palabra que le exprese. El Señor estableció la oración como el único medio para comunicarnos con Él. La oración es tan importante, que Jesús enseñó a orar a sus discípulos. (Mateo 6:9-13).

CONSEJOS PRÁCTICOS

- Busque un lugar donde tenga privacidad.

- Empiece con palabras de agradecimiento a Dios.

- Confiese sus pecados.

- Relaciónese con Dios como un Padre amoroso que desea lo mejor para sus hijos.

- Reclame las bendiciones de Dios para su familia.

- Comprométase con el Señor con una vida de integridad y santidad.

- Renuncie a cualquier sentimiento de rencor hacia otros.

- Reclame las promesas de bendición financiera que hay en la Biblia.

- Pídale a Dios que levante un cerco protector alrededor de su vida y su familia.

- Haga el compromiso de obedecerle por encima de todo.

- Dígale a Dios que puede contar con usted para el establecimiento de su visión y propósito.

Luego de esto, pida al Espíritu Santo que le fortaleza para seguir adelante, viviendo conforme a su voluntad y termine dándole gracias a Dios por la victoria.

PARA MEMORIZAR: JUAN 6:37

«Todo lo que el Padre me da, Vendrá a mí; y al que a mi viene, no le echo fuera».

CAPÍTULO 14
LA ORACIÓN

Todo creyente después de haber nacido de nuevo si quiere cultivar una vida saludable en el Espíritu y quiere crecer espiritualmente, debe aprender la importancia de la oración como un medio para entrar al mundo del Espíritu.

El mundo del Espíritu es tan real o más real que el mundo natural; y se requiere aprendizaje, entrenamiento, práctica para conocerlo. La efectividad del creyente dependerá en gran medida, en que él sepa usar los recursos de este mundo espiritual para resolver los problemas del mundo material. Vamos a estudiar el tema de la oración y vamos a contestar la pregunta: ¿Qué es oración?

1. Oración es adoración (Juan 4:24; Salmos 100:4).

Muchas personas no tienen una vida saludable de oración porque no saben que la prioridad del creyente en oración no es ni pedir ni interceder, aunque estas cosas son esencialmente importantes. Dios hizo al hombre para que le adorara y le buscara en espíritu y verdad, porque Dios desea ese encuentro espiritual con el hombre. Jesús dijo en Juan. 4:24: «El padre busca verdaderos adoradores que le busquen en espíritu y en verdad». La oración debe empezar con adoración y alabanza porque es ahí donde se abre el camino para entrar a la presencia de Dios, para disfrutar sus muchas bendiciones.

La adoración es el tipo de oración más alta y sublime, porque no hay intereses personales envueltos; sino que nuestra mirada está totalmente levantada hacia lo alto; para adorar, exaltar, alabar y bendecir a Dios por lo que ÉL es. Esto explica por qué Jesucristo empezó el "PADRE NUESTRO" con una nota de adoración y alabanza: «Padre nuestro, que estás en los cielos, santificado sea tu nombre...». Cuando oremos, no corramos a pedir, a gemir o interceder, entremos antes a la presencia del Señor, por medio de la adoración.

2. Oración es comunión con Dios. (Salmos 25:14; Juan 17:8).

Si condicionáramos nuestra mente para ver la oración como una cita de amor con nuestro Padre Dios y con nuestro Señor Jesucristo; la oración cambiaría de ser una rutina o un ejercicio religioso, a una experiencia espiritual dinámica. Al entrar en la presencia de Dios por medio de la adoración, vamos a entrar en comunión con Dios, o sea, en un contacto espiritual directo.

El Salmo 25:14 dice, que la comunión íntima de Jehová es con los que le temen y a ellos le hará conocer su pacto. Si queremos conocer al Padre, debemos tener comunión con ÉL, porque nuestra vida entera depende de ello. Jesús dijo que esta vida es la vida eterna, que conozcamos al padre, el único Dios verdadero. Esa palabra, «conocer», significa: un conocimiento profundo y perfecto. Como cuando el esposo conoce a la esposa en sus relaciones íntimas. Nuestra vida será transformada si por medio de la oración podemos conocer a Dios en esta forma. Es aquí, donde entra en juego establecer comunión directa y personal con el Espíritu Santo como una persona, para que Él, nos revele el carácter y el poder de Dios de forma que tengamos una fe firme para orar con efectividad.

3. Oración es petición. (Juan 16:23-24; Mateo 7:7-11).

Tenemos que ver a Dios como un padre bueno, con las manos repletas de regalos y bendiciones para compartirlas con todos sus hijos. Oración es pedir por nuestras necesidades espirituales, físicas, económicas y familiares. Si hemos establecido una comunión estrecha con el Padre, tendremos confianza para pedirle con fe, sin pensar que Él nos va a negar o a rechazar lo que pedimos. Jesucristo nos mandó a pedir, nos dijo que, si pedimos, recibimos; que, si buscamos, hallamos y que, si llamamos, se nos abrirá; y enseguida nos dio la promesa: «que Dios dará buenas cosas a los que le pidan, porque Él es un Padre Bueno».

No tengamos miedo de pedir lo que necesitamos, porque también Jesucristo nos prometió en Juan 16:23-24, que todo cuanto pidiéramos al Padre en su nombre, Él nos lo dará; y dijo algo más, «que, si pedimos y recibimos, nuestro gozo va a ser cumplido». Las respuestas de Dios a nuestras peticiones producen la manifestación total del gozo de Dios que ya está en nosotros.

4. Oración es intercesión. (Juan 17:9, 20).

Cuando oramos y ya hemos satisfecho la necesidad del corazón de Dios, disfrutamos su comunión y hemos pedido para nosotros; tenemos ahora que movernos a orar por otras personas que necesitan nuestra intercesión. Tenemos el ejemplo de Jesús en Juan 17, como antes de que Él fuera a la cruz, pasó un tiempo con el Padre intercediendo intensamente por sus discípulos, porque ÉL sabía los peligros a los cuales estarían expuestos. En el verso 9, encontramos a Jesús orando por ellos, sus discípulos; para que fueran guardados por el Padre y se mantuvieran unidos los unos con los otros.

Es interesante notar que son estas cosas las que cada iglesia necesita, y podemos usar estos puntos para orar por los otros hermanos. Aquí encontramos a Jesús orando por los creyentes, lo cual también nosotros debemos hacer, pero ÉL no se quedó ahí; en el verso 20, Jesús también intercedió por los que aún no son salvos. Esto nos indica la necesidad de interceder por los pecadores, para que cuando la Palabra se les predique, la reciban con fe y puedan convertirse en Hijos de Dios. Jesús, primero oró por sus discípulos y después dijo: «Si no también por los que han de creer en mí por la Palabra de ellos».

Oración es intercesión para que los creyentes lleguen a la madurez espiritual, y para que los pecadores lleguen al conocimiento de Dios por medio de Jesucristo. En la intercesión también se incluye la oración por las autoridades y todos los que están en eminencia.

5. Oración es escuchar a Dios. (Juan 5:19-20).

Estamos envueltos en una guerra espiritual con las fuerzas satánicas y no podemos luchar en nuestra mente o nuestra fuerza física. Necesitamos buscar desesperadamente los recursos del Espíritu Santo nos ofrece para pelear la buena batalla de la fe. Muchas veces, fracasamos en las batallas espirituales porque ignoramos un principio de escuchar a Dios para recibir guía e instrucciones de Dios de cómo hacer las cosas.

Jesús, que pudo haber sido auto suficiente, nunca dependió de ÉL mismo para ministrar o para destruir las obras del diablo. Él dijo en Juan 5:19: *"no puede el hijo hacer nada por sí mismo, sino lo que Él ve hacer al Padre, es lo que el hijo hace"* Pareciera extraño escuchar esto, que Jesús, el hijo del Señor dijera que Él no podía hacer nada por sí mismo. Pero ¿y qué de nosotros?, tampoco podemos hacer nada por nosotros mismos. Es por esto que, parte de nuestra oración debe ser dedicada solamente a escuchar al Padre para ver qué instrucciones Él quiere darnos. La Palabra nos garantiza que, al ser sus hijos contamos con todo su amor, y, por ende, nos mostrará también todas las cosas que el Señor quiere que hagamos en Su nombre.

CAPÍTULO 15
¿CÓMO ORAR?

Cierto es, que la Palabra de Dios declara que orar como conviene no sabemos, es decir, que no hay nadie que sea más experto que otro, solo gente más acostumbrada que otros a orar porque dedican más tiempo a la oración haciendo de su fe, una fe fuerte y poderosa al estar en intensa comunión con Dios.

Para que la oración del creyente sea efectiva, se tiene que observar ciertas reglas y leyes que han sido establecidas por Dios en la Palabra. Muchas veces creemos que es suficiente ser sinceros en nuestra oración, para que Dios nos escuche y conceda nuestras peticiones. Cuando oramos estamos bregando con el mundo espiritual, y este, al igual que el mundo físico, está regido por leyes y principios.

Ha sido la ignorancia de esto, lo que ha dado lugar a una teología de incertidumbre y de fatalismo en el área de la oración. La oración es como un juego que para ganarlo hay que jugar siguiendo las reglas.

1. Ora de acuerdo a la Palabra. (Juan 15:7).

La razón por la cual, la vida de oración de muchos creyentes es un desastre, es porque no basan su oración en lo que dice la Palabra. La Palabra es nuestra base de fe para pedirle a Dios lo que por derecho legal nos corresponde como hijos.

Antes de pedir cualquier cosa, debes ir a la Palabra y buscar si lo que tu pides está de acuerdo con la voluntad de Dios. Jesucristo dijo que, si sus palabras permanecen en nosotros, entonces podemos pedir todo lo que queramos y nos será hecho. Esto indica que aún después saber la voluntad de Dios, debemos permanecer constantemente en esta palabra, para que nuestra fe sea fortalecida y podamos recibir las peticiones que hacemos a Dios.

2. Ora en el nombre de Jesús. (Juan 16:23-24).

Jesucristo nos dio la seguridad, que cuanto pidamos al Padre en Su nombre, el Padre nos lo dará. El nombre de Jesús es la llave que abre los tesoros del Padre. Cuando usamos ese nombre, inmediatamente tenemos audiencia con el Padre para pedirle todas las cosas que necesitamos.

Podemos decir que el nombre de Jesús es poder legal que nos autoriza a recibir del Padre como si nosotros fuéramos ÉL mismo aquí en la tierra. Cuando oras al Padre en el nombre de JESÚS, el Padre te escucha y te contesta, porque legalmente es Jesús quien está orando al Padre. Es como, si alguien va al banco con un cheque que firmó otra persona, y aunque dicha persona no está allí, su firma le da el derecho legal para que le entreguen el dinero.

3. Ora con la ayuda del Espíritu Santo. (1 Corintios 2:12).

Son muchas las bendiciones que Dios tiene para nosotros, pero por causa de la tradición y la ignorancia religiosa no sabemos que son nuestras. El Espíritu Santo, que es nuestro ayudador en todo, quiere revelarnos todas las cosas que Dios ha prometido para nuestro bien espiritual y material. La Biblia dice que nosotros hemos recibido el Espíritu de Dios para que sepamos lo que Dios nos ha concedido. Por lo tanto, para tener una vida efectiva en la oración debemos mantener una constante comunión con el con la tercera persona de la Trinidad. Concluimos entonces, que el Espíritu Santo nos va a revelar las cosas que vamos a pedir y nos va a ayudar a fortalecer para que las recibamos por fe, hasta que estas se manifiesten en el mundo físico.

CAPÍTULO 16

OBSTÁCULOS EN LA ORACIÓN

Sanemos que Sabemos que Dios es fiel, y que, su voluntad, es la de contestar nuestras peticiones y atender a nuestras oraciones, porque así lo estableció en su Palabra. Por lo tanto, tenemos que llegar a la conclusión de que, si nuestras oraciones no son contestadas, el problema no está en Dios, todo lo contrario, dicho problema reside en nosotros. Por tanto, debemos hacer lo que esté a nuestro alcance para corregir esa situación, y solo así, podremos recibir las bendiciones que el Señor tiene preparadas para nosotros como consecuencia de las oraciones que elevamos a Dios.

Podemos encontrar cinco elementos importantes que impedirán que nuestras oraciones sean contestadas por Dios. Vamos a estudiarlos:

1.- Pecado sin confesar. (Isaías 59:1-2).

Es muy interesante notar que, esta escritura, comienza proporcionándonos la seguridad de la voluntad de Dios para nuestras vidas. Ya que nos indica que, la mano de Jehová no se ha acortado para salvar, es decir: *para bendecimos*, y que su oído no se ha agravado para oír nuestras oraciones. Es como si Dios se estuviera defendiendo a Él mismo, pero entonces, Él no puede escuchar nuestras oraciones. La razón principal de este echo es el pecado sin confesar. El pecado siempre llevará consigo separación entre Dios y el hombre, y este impide que tengamos comunión con Dios; creando una división entre el Señor y nosotros. Como consecuencia, nuestras oraciones serán afectadas, porque si no hay comunión entre Dios y nosotros, no hay oportunidad para el dialogo: para yo hablarle a Él, y para Él contestarme a mí.

No obstante, si sabemos que Dios ha hecho provisión para esto, no tenemos que continuar en una situación de pecado sin confesar. La Biblia promete en Juan 1:9 que: «*Si confesamos nuestros pecados, Él es fiel y justo para perdonar nuestros pecados y limpiarnos de toda maldad*». Satanás va a acusarte y a tratar de mantenerte en condenación, diciendo que Dios no te va a perdonar, porque Él no está interesado en que tus oraciones sean contestadas. Podría añadir incluso que, si se tiene duda respecto de si ha pecado o no, es preferible andar de forma segura, confesando al Señor el pecado. De forma que, el canal de comunicación entre Dios y uno mismo, siempre esté abierto y no haya ninguna cosa de la cual Satanás pueda acusarnos ante Dios.

2.- Orar fuera de la voluntad de Dios. (1 Juan 5:14).

Es importante que, antes de orar o hacer una petición a Dios, vayamos a la Palabra de Dios donde nos revela su voluntad, para que nosotros descubramos si estamos orando de acuerdo con la voluntad expresa del Señor descrita en la Biblia. Dios no tiene obligación de contestar ninguna oración que no está en armonía con su carácter y con sus propósitos, porque esto sería violar los principios que Él mismo ha establecido en Su Palabra. Yo creo que esto también incluye el echo de que, nosotros tenemos que permanecer en la voluntad de Dios, para que así tengamos la atención inmediata del Señor cuando oramos, y cuando hacemos cualquier demanda al Señor.

Jesucristo dijo que el Padre siempre lo escuchaba a Él, porque hacia la voluntad de su Padre; y el

Apóstol Juan nos dice que, si guardamos sus mandamientos y hacemos las cosas que son agradables delante de Él, entonces cualquier cosa que pidiéramos la recibiremos de Él. Yo no creo que podamos andar en desobediencia a Dios y a las cosas que Él nos ha mandado a hacer y, al mismo tiempo, tener el canal abierto para poder recibir de Dios las cosas que pedimos. De cualquier manera, es para bendición nuestro caminar en Él, y orar de acuerdo con Su voluntad para que obtengamos respuesta a nuestras oraciones.

3.- Duda o incredulidad. (Santiago 1:6-7)

Debemos estar conscientes de que, sin fe, es imposible agradar a Dios. Porque la fe honra a Dios. Lo hace porque estamos creyendo su Palabra y estamos declarando que Dios no es mentiroso.

La duda impide que recibamos cualquier cosa de Dios porque el hombre que duda es un hombre de doble ánimo, y es inconstante en todos sus caminos. El doble ánimo se refleja en que: unas veces cree, y otras, duda. Cuando todo va bien cree, y comienza a ver las circunstancias negativas y adversas que Satanás presenta, este hombre quita su vista de la Palabra de Dios, y empieza a dudar lo que Dios ha prometido. Por tanto, es importante que nos mantengamos siempre firmes en la Palabra de Dios, leyéndola, meditándola y confesándola para que no caigamos en duda ya las respuestas a nuestras oraciones no sean entorpecidas. Personalmente, te aconsejo que alimentes tu fe con la Palabra del Señor y hagas morir de hambre tus dudas creyéndole siempre a Dios.

4. Desavenencias conyugales. (1 Pedro 3:7).

Una de las cosas más poderosas que existe en los matrimonios, es la armonía y la capacidad de ponerse de acuerdo para pedir en oración, cualquier cosa, conforme a la voluntad de Dios. Es por esta razón que, Satanás peleará para traer enemistad y problemas en el matrimonio y estorbar así las oraciones de los cónyuges. Cuando se producen peleas, discusiones y desavenencias en el matrimonio, el canal de comunicación se cierra, pues Dios no escucha las oraciones de personas que están envueltas en disputas y riñas. Estas situaciones, deben llevarnos a caminar en amor y a orar constantemente, echando al diablo fuera de nuestros de nuestros hogares, para que nuestras vidas y familias, puedan obtener el beneficio de nuestras oraciones. Y, para que, tanto nuestras esposas, esposos e hijos sean protegidos de los ataques de Satanás, por medio de la oración.

5. Falta de perdón. (Mateo 6:14-15; Mateo 5:23-25).

Entramos en un área que es muy importante en la vida de oración de cada creyente, porque es aquí donde Satanás se aprovecha de nuestro carácter y nuestras debilidades humanas, para impedir que podamos tener comunión con Dios en oración. Cuando Satanás no obtiene victoria en ninguna otra área en vuestras vidas, va a procurar tener algún recurso para ponernos en discordia con otros hermanos y personas; creando en nosotros una actitud de resentimiento y falta de perdón. Satanás también conoce la Biblia y él sabe que Jesucristo, cuando nos enseñó a orar el Padre Nuestro, nos dejó en claro que, si nosotros no perdonamos a los hombres sus ofensas, tampoco nuestro Padre que está en los cielos nos perdonará las nuestras. Indicando esto que debemos cuidar nuestras relaciones con nuestros semejantes, para que no haya falta de perdón o de resentimiento, lo cual va a convertirse en un estorbo en nuestras oraciones. Existen dos situaciones que tienen que ver con la falta de perdón. La primera es cuando yo no perdono a alguien que cometió una falta contra mí; esta es la situación que Jesús discute en Mateo 14-15. En este caso, mi responsabilidad es la de perdonar a mis hermanos y enemigos, y cualquier persona que me haya ofendido, sin tomar en cuenta si ellos me han pedido perdón o no. Pues yo no tengo que esperar a que la otra persona me pida perdón para que yo pueda otorgarles el perdón a ellos. Sea como fuere, debo perdonar automáticamente y dejar que sea el Espíritu Santo, quien trate con la otra persona, para que me pida perdón. Si yo no hago esto, la Biblia dice que seré entregado a los torturadores y que permaneceré en una cárcel espiritual donde no voy a poder sentir la comunión con Dios, y, por ende, tampoco recibiré perdón por los pecados que he cometido contra Dios.

La segunda situación, en el área del perdón, es cuando he ofendido a alguien y como consecuencia, esa persona tiene algo contra mí; esta es la situación que aparece en Mateo 5:23-25. En ninguna circunstancia, tal escritura está hablando de que yo tengo que ir a pedirle perdón a una persona que tiene algo contra mí sin yo ofenderla, en absoluto. Es obvio, de acuerdo con el contexto, que está hablando de aquella persona a la cual yo he ofendido y no le he pedido perdón. Tal persona, tiene derecho absoluto para presentarme ante Juez, que en este caso es representado por Dios.

Este asunto es tan importante que, Jesucristo aconsejó lo siguiente: si tu traes tu ofrenda al altar y allí te acuerdas de que ese hermano tiene algo contra ti, debes dejar allí tu ofrenda, y, antes que nada, ve, y reconcíliate con tu hermano. Después, podrás presentar tu ofrenda para que sea grata y aceptada por Dios. La razón por la que Jesús aconseja esto, es porque Él sabía que nuestra ofrenda no iba a ser aceptada por Dios en una situación en la cual no le hemos pedido perdón al hermano por la falta que cometimos contra él. El perdón abre las puertas del cielo a la bendición. Más, sin embargo, sin perdón no podremos recibir la respuesta de Dios a nuestras peticiones.

CAPÍTULO 17

¿CÓMO RECIBIR RESPUESTA EN LA ORACIÓN?

Al presentar esta lección, estamos asumiendo que usted es una persona que usa bien la Palabra de Dios, y sabe cómo basar su vida de oración en las promesas de Dios. Algo que no debemos olvidar, si queremos que nuestra oración sea efectiva, es caminar siempre en el amor a Dios y perdonar a los que nos ofenden. (2ª Corintios 1:20 y Marcos 11:25).

CINCO PRINCIPIOS PARA PONER EN PRÁCTICA

1. Sea específico en lo que usted pide. (Santiago 4:3; Hebreos 11:1).

Para saber si recibimos respuesta a nuestra oración tenemos que saber exactamente lo que estamos pidiendo. Un cazador tiene mayor probabilidad de coger un pájaro, cuando le dispara a uno en específico. Sin ser específico no hay fe, porque fe es la sustancia de las cosas que se esperan. Cuando el ciego Bartimeo vino donde Jesús, Él le pregunto: ¿Qué quieres que te haga? (Marcos 10:51). A esto Jesús le llamó fe, en el verso 52.

2. Reciba la respuesta por fe. (Marcos 11:24; Santiago 1:6).

Santiago dice que pedir con fe es no dudar nada, tener una seguridad en su corazón de que Dios le oyó y le va a dar las cosas que son de acuerdo con su voluntad «cosas» lo que pidamos en oración, debemos creer que ya lo hemos recibido y después nos vendrá. Aquí tú empiezas a llamar las cosas que no son como si fuesen. Esto es hecho por medio de la confesión continua de la Palabra de Dios. Aquí no termina todo; hay algo más que hay que hacer para recibir de Dios.

3. Ate el poder del diablo. (Santiago 4:7; Marcos 16:17).

Muchos cristianos no saben que Satanás es el enemigo de Dios y no quiere que los cristianos reciban algo de Dios porque esto le trae gloria a Dios. Aunque todas las cosas nos han sido dadas; él se opone a que la recibamos. Si nos sometemos a Dios tenemos autoridad sobre el diablo y él huirá de nosotros. Ordénele al diablo que suelte lo que ya Dios le ha dado. Recuerde que él es terco, por lo tanto, no basta con hacerlo una vez. Hágalo hasta que sienta la victoria en su espíritu.

4. Desate las fuerzas del cielo. (Hebreos 1:14; Salmos 103:20).

Los ángeles son espíritus de Dios, quienes tienen la tarea de servirnos a nosotros. Ellos obedecen a la Palabra de Dios y están siempre listos para este trabajo. Después de ordenarle al diablo que saque las manos de sus finanzas, envió ángeles para que las hicieran retornar de nuevo.

5. De gracias por la respuesta. (Romanos 4:20-21).

La expresión más alta de su fe es dar gracias a Dios, aun cuando usted no ve nada en lo natural. Es aquí donde peleamos la batalla de la fe y nuestra fe se perfecciona, hasta que lo que usted ha pedido se materializa en el mundo natural. Abrahán hizo esto hasta que quedó plenamente convencido de que Dios es poderoso para hacer todas las cosas.

CAPÍTULO 18

¿CÓMO ENFRENTARNOS AL SISTEMA DEL MUNDO?

El propósito de este capítulo es el de entender todo lo que representa el mundo, cómo podría afectarle a un cristiano el vivir conformándose al sistema actual, y proveer algunas estrategias para enfrentarse al mundo.

Todo recién convertido experimenta un gran deseo de servir al Señor y ser radical en todas las áreas de su vida, pero cuando no se sabe reaccionar ante una situación difícil, estas pueden vencernos y volver a esclavizarnos al pecado. Por eso, es vital aprender a estar firmes.

I. ¿QUÉ ES EL MUNDO?

Representa todo aquello que desagrada a Dios, el sistema que se opone a sus enseñanzas y está bajo el dominio de Satanás. (1ª de Juan 5:19). Hay tres aspectos que señala el apóstol Juan con respecto al mundo. (1ª de Juan 2:15-17).

A) Los deseos de la carne.

(Gálatas 5:17-21) Son los que están por naturaleza en nosotros y nos impulsan a hacer lo malo. Existe un conflicto entre la carne y el espíritu, la carne quiere una cosa, y el espíritu quiere otra. Se puede describir como la satisfacción, pasión o goce que se siente por las cosas incorrectas y con las cuales damos lugar al pecado.

B) Los deseos de los ojos.

Los ojos pueden ser fuente de vida, pureza e inspiración o instrumentos de maldad, perversión o malos deseos. Los deseos de los ojos se pueden describir como un goce morboso, malintencionado y egoísta, que no incluye solo la vista, sino también la mente y la imaginación. (2ª de Pedro 2:14; Mateo 5:27-28).

C) La vanagloria de la vida.

Se refiere a creer que el sentido de la vida se encuentra en la apariencia y en el precio de las cosas, y no en el valor que Dios le ha dado.

II. ¿CÓMO ME AFECTA EL MUNDO?

A) Cuando cedo a sus caprichos, cuando me conformo a él.

B) Cuando sus actividades dejan de ser diversión y pasan a ser esclavitudes. Por ejemplo: el cine, la televisión, una mala relación sentimental, Jesús quiere que brillemos en el mundo. (Juan 17:15).

III. ¿CÓMO ENFRENTO AL MUNDO AHORA QUE SOY CRISTIANO?

A) No participe de lo que el mundo le ofrece.

(Efesios 5:11) Sea radical con el pecado, sin disfraces.

B) Sea radical en su posición como creyente. (Job 22:28) Pase lo que pase no voy a dejar el camino que he escogido.

C) Evite pasar mucho tiempo con incrédulos. Le retarán a hacer lo malo.

D) Busque amistades que compartan sus propias metas. Comparta con aquellos que lo ayuden a ser más fuerte en su relación con Dios.

E) Afiance su relación con Dios. Con oración, lectura de la Palabra, sirviendo en su iglesia.

CONCLUSIÓN

Nosotros como hijos de Dios, debemos entender que ahora somos hijos de luz, y no de tinieblas. El apóstol Pablo nos enseñó en Romanos 12:2, que no debemos conformarnos a este mundo, en verdad estamos en este mundo, pero no vivimos conforme al mundo.

PARA MEMORIZAR: 1ª DE JUAN 2:15-17.

No améis al mundo, ni las cosas que están en el mundo. Si alguno ama el mundo, el amor del Padre no está en él. Porque todo lo que hay en el mundo, los deseos de la carne, los deseos de los ojos, y la vanagloria de la vida, no proviene del Padre, sino del mundo. Y el mundo pasa, y sus deseos; pero el que hace la voluntad de Dios permanece para siempre.

EPÍLOGO

Querido lector, hasta aquí el primer volumen de Piedras Fundamentales. Esta obra constituye la primera de una serie de libros que le permitirá a usted estar preparado para enseñar las verdades fundamentales de la Palabra de Dios.

En este primer volumen, no se ha pretendido esclarecer conceptos muy profundos, sino más bien, explicar los conceptos más básicos y prioritarios que todo creyente debe conocer. No obstante, en los siguientes volúmenes iremos en ascenso en cuanto a contenido, revelación y profundidad de otras importantes Piedras Fundamentales de nuestra fe. Para que juntos crezcamos en conocimiento de la bendita Escritura.

Por favor, sírvase usar este libro como una guía personal que puede usar en toda su vida como creyente, así como un manual de enseñanza en grupos de estudio bíblico, reuniones en hogares etc. Si bien había explicado esto al principio, permítame en este epílogo que lo recuerde una vez más. Pues este material tiene la única pretensión de bendecir su vida.

No olvide compartirlo con sus allegados, con sus discípulos y con todos los que estén hambrientos de la palabra de Dios. Con humildad deseo que le sea utilidad.

BIOGRAFÍA DEL AUTOR

Apóstol Moisés Rosales.

Desde su niñez fue guiado en los caminos del Señor, llegando a la iglesia junto a sus padres y recibiendo profecías sobre su vida y ministerio desde muy joven, las cuales marcaron su vida ministerial al cumplirse. Moisés está casado con la pastora Diana Jándula, con quien tiene dos hijos; Gabriel y María José.

El Apóstol Moisés posee una Licenciatura en Administración de Empresas, formación que recibió en Argentina. En el año 1998, regresa a Casa de Oración implementando la calidad y la excelencia en el servicio de las oficinas centrales. En el 2006 es separado y consagrado como Pastor, caracterizándose en su forma única de predicar acerca del Reino de Dios, continuando así el legado de su padre, al llevar la Palabra de Dios en toda Bolivia a través de numerosas campañas evangelísticas.

Separado como Apóstol en diciembre del 2012, recibió el cargo y consagración de parte de su padre biológico y espiritual; el Apóstol Melitón Rosales. Posteriormente comienza su llamado a las Naciones recibiendo numerosas invitaciones para predicar en España, Suiza, Francia, Holanda, Estados Unidos, Perú, Chile, Argentina, Uruguay y Brasil.

El apóstol Moisés Rosales es fundador de los siguientes discipulados y ministerios:

- Ministerio de jóvenes, en el cual guía e instruye a la juventud a alcanzar su propósito en Dios a través del discipulado denominado "Construyendo Sueños"

- Ministerio de la Familia, a través del cual, junto a su esposa, la Pastora Diana de Rosales trabaja restaurando matrimonios en el discipulado denominado Casa2.

TAMBIÉN ES CREADOR DE LAS SIGUIENTES ACTIVIDADES:

Misión Juan 3:16.

Un movimiento de evangelismo que lleva las buenas nuevas de salvación a toda la ciudad de Santa Cruz de manera creativa, con sketch, danzas, dramas y diferentes artes. Actividad en la que, cada año, las vidas de cientos de miles de personas es tocada con la Palabra de Dios.

Unidos Para Adorar.

Festival que levanta un altar de adoración contrarrestando las actividades de Halloween, donde participan diferentes adoradores nacionales e internacionales.

Rapjuve.

Un campamento de temática militar que reúne a más de 6.000 jóvenes anualmente en las afueras de la ciudad de Santa Cruz.

El apóstol Moisés Rosales es un hombre de fe convencido de que "Dios solo necesita que un hombre le crea para cambiar el destino de sus generaciones".